中公新書 2066

森田洋司著

いじめとは何か

教室の問題、社会の問題

中央公論新社刊

はじめに

いじめについては、「昔からあった」「どこにでもある」といわれている。極論すれば、「およそ人間が関係を結べば、そこに影のように忍び寄る現象」ともいえよう。日本だけでなく、諸外国の子どもたちの実態を見ても、あながち見当外れではなく、むしろ事実に沿った認識ともいえる。

それでは、いじめは、人として生を受ければ、引き受けなければならない業《ごう》のようなものであろうか。そうだとすれば、私たち大人が子どもたちのいじめを前にして、「人間として決して許せない行為」だと教え、教師にも毅然《きぜん》とした対応を求めるのは、理想でしかないのだろうか。人間の力では押しとどめることのできないものなのか。

この素朴な疑問は、いじめ研究を最初に始めた研究者の発想にも見ることができる。最初の研究といっても歴史は浅く、一九七〇年代のスカンジナビア圏に遡《さかのぼ》るに過ぎない。その系譜の一つに、比較行動学に基盤を置く一群の研究がある。それは、動物としての人間がもつ攻撃性のなかに、いじめという行動の源泉を求めようとする立場である。

日本社会では、「子ども」というイメージに、汚れを知らない純な心とか、無邪気《むじゃき》なあどけなさを重ね合わせてきた。そんな子どもたちの間に、残虐《ざんぎゃく》ないじめを目の当たりにしたとき、人間の原初的な攻撃性に説明を求めようとしたのも無理からぬことである。

戦争、暴力、犯罪、虐待、差別など、人間の攻撃性に絡む問題はさまざまにある。私たちは人間性の深奥《しんおう》を覗《のぞ》き込むことによって、これらの問題に挑んできた。それは、動物行動学や比較行動学だけでなく、哲学、宗教、文学、歴史、芸術、文化人類学、あるいは人間科学や社会科学も追い求めてきた古くからのテーマであった。

たしかに、いじめは、いつ、どこに起きても不思議がないといわれるほど、日常生活に影のように忍び込んでくる。軽い意地悪をしてみたり、相手を揶揄《やゆ》することによって快感を楽しんだり、苛立《いらだ》ちで語気を強めて相手を傷つけてしまったり、鬱積《うっせき》した感情を人にぶつけてしまったりといったことは、私たちが身近に経験することである。

しかし同時に、相手の気持ちに立って行動したり、感情や衝動を抑制したりすることで、そうした行動を抑えられることも、日常経験している。自分で気がつかない場合には、周りの人たちが気づかせてくれることもある。

百歩譲って、仮にいじめが人間の深奥に潜む業のようなものであったとしても、この日常経験に照らして考えてみると、その業を発現させるか抑止するかは、家庭、学校、社会にわたる広い意味での教育の働きかけ次第であり、人々の認識次第である。事実、世界各国を見ても、いじめの現れ方や社会問題になっていく道筋は、社会や時代によって、あるいは教育や大人たちの対応の仕方いかんによって異なっている。いじめが起きても、止まりやすい国と止まりにくい国があることは事実である。

この異なりがあるからこそ、いじめ問題を人間存在につきまとう業と決めつけ、人間として、社会として、なすべきことを諦《あきら》めてはならないのである。もとより人間性の深淵《しんえん》を探る試みを退けるものではないが、社会による違いを明らかにすることで、いじめ問題への取り組み方も見えてこようし、さまざまな教育を展開する可能性も開かれてくる。

いじめとは、人間社会に遍在《へんざい》する現象でありながらも、その発現の仕方と止まり方は、人間の営みと社会と時代の関数なのである。本書では、日本のいじめと対応のあり方を、海外の動向と比べることによって、その現象の本質を時代と社会の深みから切り出し、今、日本社会として、教育として、何をなすべきか、社会の進むべき方向はどこかを、いじめという社会の小さな覗き穴から展望してみたい。

いじめとは何か

目次

いじめとは何か

教室の問題、社会の問題

第1章 いじめの発見

1　日本とスカンジナビアから

八〇年代の発見

いじめは昔もあった。このことを認めるとすれば、それでは、なぜ昔は社会問題にならなかったのか。あるいは今のいじめは、昔とどう違うのかという疑問が湧いてくる。

日本でいじめ問題が大きな関心を集め、新聞や雑誌で広く報道され、研究や調査が相次いで公表されたのは、一九八〇年代前半のことである。いじめがこれほどまでに人々の関心を集めたことは、それ以前になかった。

教育社会学者の滝充《みつる》は、当時の論評や文献を通覧し、その特徴を整理、分析している。滝によれば、いじめは「新たな問題」として語られ、特徴を「陰湿化、長期化、集団化」に求める記述が多いと分析している。

八〇年代半ばのマスメディアでは、いじめに関連した自殺が相次いで報道された。いじめが子どもを死に追い詰めるほど深刻な被害を与えているとは、あまり知られていなかったため、社会に大きな衝撃を与えた。

また、八〇年代のいじめをめぐる裁判事例では、いじめが自殺に結びつく可能性を学校や教育委員会が認識していたかどうかを争うケースが散見される。自殺の予見可能性が争点となること自体、いじめが深刻な被害を与える問題だという意識が、当時の教育現場に浸透していなかったことを示唆している。

欧米においても、いじめが深刻な社会問題として人々の関心を集めるようになるのは、いじめに関わる自殺が発生し、マスコミがこれを大きく取り上げたときである。

八〇年代の日本の論評や文献が描き出したように、昔と比べて現代のいじめが陰湿になったと明らかにする比較可能な時系列データはない。ただ、いじめが被害者を自殺へ追い詰める可能性があると、私たちの社会が初めて気づいたことはたしかである。

いじめとは、本来、陰湿なものである。さらに長期化すればするほど、被害はエスカレートし、陰湿さを深めていく性質がある。このことは、時代や社会に関係はない。それだけに、いじめによる心身への被害は、いつの時代であっても無視できるものではない。

しかし、子どもたちの深刻な状況を前にして、どの時代でも、どの社会でも避けられない現象だと決めつけて、手をこまねいていたわけではない。

いじめは大人社会の縮図といわれて久しい。いじめが初めて社会問題となってから四半世紀、日本社会は、いじめについて三度にわたる大きな波をくぐり抜けてきた。そして今、私たちは、いじめる子といじめられる子、そして周りの子どもたちの背後に横たわる、現代日本社会という深みへと目を向けようとしている。結論を先取りしていえば、個人の心に歯止めを埋め込むだけでは限界があることに、日本社会は気づき始めた。日本社会の人間関係のあり方や、社会や集団との関わり方へと目を向け始めている。この視線の転換は、日本社会を、いじめの止まりにくい国から止まりやすい国へと転換させていく道筋を求める試みでもある。

社会問題になる国、ならない国

一九九八年の秋のことである。筆者は、いじめの国際比較調査のためにドイツに赴き、欧米の研究者とデータの突き合わせや各国の比較分析に取りかかった。各国のデータをざっと見ながらオランダの研究者が、「私たちの国では、いじめ問題よりも非行問題なんですよね」とつぶやいた言葉が耳にこびりついている。

たしかに日本社会では、いじめは大きな社会問題である。しかし、この場で出されたデータを見ると、日本の子どもたちの被害経験者はオランダの半分にも満たない比率であった。オランダの数値は、いじめ問題のパイオニア的な国であるノルウェーをもはるかに上回る。しかし、オランダでは大きな社会問題ではないという。むしろ、いじめが発展して非行や暴力とどうつながっていくのかに行政や社会の関心があるというのである。

いじめはどこにでもあるといっても、社会問題として取り上げるかは、国や社会、あるいは時代によって異なる。

世界の国々を見わたしても、飢えや貧困、あるいは激しい戦禍《せんか》に巻き込まれている国々では、いじめが社会問題と見なされることはない。経済先進国でも、オランダやアメリカのように、犯罪・非行、校内暴力が大きな社会問題となっていると、社会を挙げて取り組むべき課題としては位置づけられない（ただし、これらの国々においても、OECD〔経済協力開発機構〕の動きと相俟《あいま》って、近年では、いじめへの関心が高まっている）。

いじめが現象として存在することと、それが社会問題であるということとは別であるようだ。

日本における社会問題化

社会問題はそれぞれのキャリアをもっている。いじめは、いじめなりの社会問題化の生成史があり、不登校は不登校固有の展開をする。しかし、これらの展開にも一定のパターンが見られる。問題の「掘り起こし」に始まり、次第に人々の関心が高まる「浸透期」、そして社会ぐるみで取り組みがなされる「全社会的な問題」へと移行する流れである。

社会学の見方からすれば、すべての社会問題と呼ばれるものは、問題となる現象が社会に現れた当初から、そう見なされているわけではない。社会のなかの誰かが、特定の事象を「困った状態」だと訴え、さまざまな立場の人々がやりとりをしながら社会的に構築されていくのが社会問題である。社会問題の始まりは、社会学者・中河伸俊《なかがわのぶとし》の表現を借りれば、一部の人々の「困った、善くない、許せない、ほっておけない、病んでいる、尋常ではない」などという、申し立てから始まる。

いじめの場合、日本で申し立てが始まったのは一九七〇年代末から八〇年代初めにかけてのことである。『月刊生徒指導』『児童心理』『少年補導』などの教育雑誌が特集を組み、これに呼応するように新聞やテレビが報道し始めたのがきっかけとなり、行政や教育関係者、保護者などの関心を集めるようになった。

問題の「掘り起こし」が八〇年代の初頭までとすれば、八〇年代の半ばまでは問題の「浸透期」にあたる。研究者や教育委員会から調査結果が公表され、被害の実態が明らかになった。保護者や教育委員会の関心も高まっていく。社会学で「道徳的起業家」「道徳的十字軍」といわれる人々が、危機を訴え、社会正義の確立を訴える動きが広がるのもこの時期である。

この一連の動きは、多くの人々の関心を動員するものの、他方では、「わが子も被害に遭うのではないか」という不安感を人々の間に募らせることになる。こうした不安感情をベースとして現れてくる「モラル・パニック」といわれる現象は、ときとして政策の方向さえ歪めかねない。そのため、パニックと呼ばれている。

不安感情の昂揚《こうよう》は、いじめ自殺をきっかけとして、一九八四年から八六年にかけてピークに達した。社会問題化の「完成期」である。とくに八五年には、全国各地でいじめ自殺が相次いで発生したことが報道されている。教育学者・高徳忍《たかとくしのぶ》が新聞報道の限界をわきまえつつも作成した年表によれば、小六女子一人、中一男子一人、女子一人、中二男子五人、女子二人、中三男子二人、女子一人、性別不記一人の計一四人が自殺とされている。その翌年、この時期の代表的ないじめ事例としてしばしば引用される、「葬式ごっこ」による鹿川裕史《しかがわひろふみ》君の自殺事件が発生している。

マスメディアは、連日のように、各地のいじめを掘り起こして報道する。学校や教育行政の対応が批判の俎上《そじよう》に乗せられる。いじめ対応への不信感と不満感が重なることによって、人々の被害不安はいっそう高まってくる。

こうした世論の動向のなかで、文部省（現文部科学省）は、八五年六月、協力者会議を開いて緊急提言を公表、十月には臨時教育審議会の会長が異例の緊急談話を発表した。さらに、翌年の審議会答申では一節を割いて、いじめ施策の基本方針を打ち出している。また、今日に至るまで毎年実施されている実態調査も、この年度から始まるなど、いじめ問題は、国家の文教政策の課題として位置づけられるに至り、「全社会的な問題」へと移行することとなった。

日本のこのような問題形成の歴史は、学校対応への不信感と過熱気味のマスコミ報道に反応した国民の被害不安を背景としている。そのために、日本のいじめ問題の捉え方は、いきおい被害にウェイトを置き、対応策も被害の早期発見と被害者の相談体制の充実に重心が置かれた。この点は、同じように社会問題化した欧米の国々とは異なる特色である。

スカンジナビアからの発信

世界のなかで、最も早くからいじめ問題に着目し、国家的な取り組みを始めたのはスカンジナビア圏である。以下、欧米でのいじめ問題の展開に関しては、筆者が総監修し、世界二一ヵ国・地域の研究者がリポートした『世界のいじめ―各国の現状と取り組み』(金子書房、一九九八)を参照しつつ概観してみよう。

英語圏の研究では、「いじめ」という現象に"bullying"という用語をあて、今日では、この言葉を国際的な共通の学術用語としている。しかし、スカンジナビア圏では、当初、動物行動学や社会心理学で集合的な攻撃行動に用いられていた"mobbing"を「いじめ」の英訳語にあてていた。ドイツでも"mobben"や"schikane"の英訳語として"mobbing"を用いる研究者もいた。その後、スウェーデン、ノルウェー、デンマークでは、いじめが社会問題として人々に認識されるようになり、英語の"mob"という表現は、日常用語でも使われるようになっている。

いずれの領域であれ、研究の系譜とその特徴を辿《たど》るとき、どのような概念をどこから移入したのかは重要な鍵となることが多い。いじめ研究についても同様であり、ドイツをも含めた北欧圏のいじめ研究が、"mobbing"という概念に着目し、これを援用したことは、その後のヨーロッパにおける、いじめの捉え方に少なからぬ影響を与えている。今日では、ノルウェーやイギリスのいじめ研究とその対応プログラムが、世界の研究をリードする立場にあるが、源流を辿れば、ドイツを含めた北欧圏の心理学や比較行動学が蓄積してきた攻撃行動論の影響は無視できない。

後述の心理学者、D・オルヴェウスによれば、最も早くから子どもたちにも「いじめ」があることに気づき研究に着手したのは、スウェーデンの学校医であったP・P・ハイネマンであるという。一九六〇年代から七〇年代にかけてのことである。当時は、動物行動学の始祖といわれるK・ロレンツの影響力がまだ残っていた。

ロレンツは、直接には動物行動の研究を行いつつも、人類の攻撃性に強い関心を寄せた研究者である。彼は、人類の攻撃性をその内部に組み込まれた素質と捉え、同種の仲間をも殺《さつ》戮《りく》する救いがたい因子と考えた。今日では、その妥当性について疑問視されているものの、人類の攻撃性の背後に本能の存在を想定し、動物の攻撃性になぞらえて、「人間性の奥底に潜《ひそ》む攻撃性」として説明しようと考えたのも、あながち不思議なことではない。

ハイネマンに戻ろう。彼は、社会的に成長途上にある子どもたちが、同じ仲間に陰惨な攻撃を加える行動が観察され、それが大人を含めた人間の日常生活に遍《あまね》く見られることに驚き、子どもたちの攻撃性に大きな関心を寄せた。

彼の場合は人間性の深淵に潜む攻撃性に研究の焦点を当てつつも、無条件に動物行動とのアナロジーをとる立場を回避しようとした。ロレンツのスウェーデン語訳の著書から"mobbing"という概念を援用しながらも、人間の集合的な排斥《はいせき》行動や攻撃行動を、社会的な文脈のなかで捉えようとしている。

そのため、彼はエスニシティによる差別にも焦点を当てている。社会的な排除や差別、ときには大量の虐殺すら引き起こしかねない行動を、エスニシティという社会のカテゴリー化作用と関連づけた。それにより、問題を社会的な次元へと引き上げている。

その後、スウェーデン、ノルウェーを中心としたスカンジナビア圏で、彼の研究を積極的に推し進め、学校での対応プログラムへと展開したのが、スウェーデン出身でノルウェーの大学で攻撃行動を研究していた心理学者のD・オルヴェウスであった。

オルヴェウスの研究とその限界

スウェーデンで始まったいじめ研究の視点は、オルヴェウスへも受け継がれている。その一つは、いじめが遍在するという認識である。彼は、スウェーデンとノルウェーで調査した結果、いじめのない学校環境は存在しないことを明らかにしている。

彼の研究視点のもう一つの特徴は、いじめを人間の攻撃性に関わる現象として捉えようとするところにある。いじめは、暴力と並んで攻撃性のサブカテゴリーに位置づけられ、両カテゴリーが重なり合いながら、全体としての攻撃行動を構成すると考えている。彼が開発した「いじめ防止プログラム」では、攻撃性が現れることを教師は「監督」すること、学校や学級レベルでは子どもたちが参加して「いじめに関するルールづくり」をすること、「違反した場合には一貫した罰を科し」、「ルールが守られていれば惜しみなく褒める」ことを強調する。

この防止プログラムの底流には、①人間の攻撃性は管理・監督するものがいなければ発現される、②攻撃性を制御するためには規律によるコントロールが望ましい、③ブレのない一貫した指導を行い、賞罰によって規範の内面化を図る。違反には罰を適用し、罰への脅威によって、攻撃性の発現を防止する、という考え方がある。

心理学に親しんだ人にとっては、オルヴェウスのプログラムは、単純化された古典的な

S―R（刺激―反応）理論の適用に見える。しかし、彼が敢《あ》えてこのモデルを採用する背景には、他者に被害を与えれば、その結果責任をきっちりと問われることが人間社会の秩序の源泉であり、社会をこれから構成していく子どもたちの教育にとって大切な視点であるという考え方が見られる。この結果責任に思い及ぶことこそが、人間の攻撃性の抑止力になりうるという考え方に立つプログラムといえる。

オルヴェウスのプログラムは、ヨーロッパの近代社会の歴史から生まれてきたものであり、法律によるコントロールやガバナンスの歴史を積み重ねてきた社会の風土に馴染《なじ》む方法と見ることもできる。

また、いじめを攻撃行動として捉えるオルヴェウスの視点は、いじめる側の子どもたちの特徴づけにも反映している。彼によれば、典型的ないじめっ子は「攻撃的で乱暴な行動パターンをもった人物であり、とりわけ男子では、それに身体的な強さが伴っている」と描き出している。

オルヴェウスのこの加害者像は、彼の調査から導き出されたことはたしかである。しかし、“mobbing”という言葉が、もともと物理的な暴力の行使による攻撃行動を意味し、日常用語としてのイメージも身体的な力の行使に傾斜しているため、オルヴェウスの調査票でも攻撃行動の指す幅が狭い。精神的な攻撃をいじめの本質的な要素として捉えず、物理的な力による攻撃と並ぶサブカテゴリーと見ているからである。そのため、精神的な攻撃とその被害への目配りが薄く、表面的なものとならざるをえない。

彼の視点は、八〇年代のノルウェーでの調査研究やプログラムづくりでも踏襲されている。また、ヨーロッパのその後のいじめ研究では、オルヴェウスの調査票と防止プログラムが先行研究として参照された。その結果、彼の分析結果の妥当性と防止プログラムの有効性が改めて検証され、信頼性のある調査として評価されることになった。

こうして、ヨーロッパの国々では、オルヴェウスの調査票や防止プログラムに依拠した研究が多くなった。そのため、九〇年代後半に、私たち日本の研究者が共同実施した国際比較研究やヨーロッパ域内の比較研究が発表され、国際会議も相次いで開催されるまで、ヨーロッパのいじめ研究は、彼の視点の限界を少なからず抱え込んでいる。

ハイネマンを起点としてスウェーデンで始まったいじめ問題への関心は、オルヴェウスを介して急速にノルウェーとデンマークに波及する。そのノルウェーでは、一九八二年の暮れ、北部に住む十〜十四歳の少年三人が仲間から激しいいじめを受け、それを苦に相次いで自殺した。この事件が新聞で報道された結果、一挙に社会問題化することとなる。議会でもこの事件が取り上げられ、一九八三年の秋には、国を挙げてのいじめ防止全国キャンペーンが始まり、いじめの実態についての全国調査が実施された。

今日では、世界のなかでも日本とノルウェーが、いじめ問題の先進国といわれている。いじめが子どもたちの世界に深刻な被害をもたらしていることにいち早く気づき、国を挙げて対応すべき社会問題として取り組んだからである。

2　イギリスとアメリカ

イギリスでの展開

いじめ問題への関心は、その後、イギリスへと飛び火し、九〇年代半ばにはヨーロッパ全域へと広がっていった。イギリスはいじめ対応の先進地域と目され、日本でも取り組みが紹介されている。しかし、いじめが社会問題化したのはノルウェーや日本に比べて遅く、一九八九年から九〇年にかけてのことである。

この間の経緯について、私たちの国際比較の共同研究者であり、イギリスのいじめ研究のパイオニアといわれているP・K・スミスは、森田との共編著のなかで以下のように概説している。

イギリスにおける社会問題化のきっかけは、一九八九年、三冊の書物が相次いで刊行されたことに始まる。同年、イギリス教育省は、学校における教師と生徒との関係や規律に関する調査報告書「エルトン・リポート」を出し、近年のイギリスでのいじめについて報告し、学校での取り組みの必要性について勧告している。

そこでは、①深刻ないじめについては教職員に報告するように生徒を励ますこと、②いじめ行為に対しては断固とした対処をすること、③明確な規則に基づいた対応をとること、④適切な処罰規定や被害者を保護・支援する体制に裏付けられた対応をとること、などが勧告されていた。

ここで注目すべきことは、いじめによる被害を個人のレベルにとどめないで、「学校の雰囲気」にも被害が及ぶという認識を強く示し、警告を発していることである。いじめ問題は、日本でも、被害に遭った個人の問題として捉えられる傾向がある。イギリスにおいても、それまでの教育現場では、個人的なレベルで被害を捉える傾向が強かったという認識があったものと思われる。そのために、勧告では、いじめは学校という場の秩序や安全を犯し、教育環境に被害を及ぼす行為であり、ひいては在籍する子どもたちや教師に悪影響を及ぼすことを十分理解したうえで対応する必要性を強調したものと思われる。

この勧告を受けて、最初に動き出したのは、グルベンキアン財団だった。この財団は、一九八九年、「学校でのいじめ」に関する諮問《しもん》実行委員会を設立し、「いじめ一一〇番」やいじめの対応に向けた調査研究など、いくつかの行動計画へ財政的な支援を行っている。なかでも、ノルウェーのオルヴェウスの研究やその介入プロジェクトに触発され、P・K・スミスらが実施した「シェフィールド・プロジェクト」は、その後のイギリスやヨーロッパの国々のいじめ防止プログラムのモデルとなる。この一連の研究プロジェクトは、その後イギリス教育省の助成に引き継がれ、実施されていく。

シェフィールド・プロジェクト

このプロジェクトは、シェフィールド市の小・中学生六七〇〇人余りを対象とした、いじめに関するイギリス初の大規模調査である。調査結果はイギリス人にとって衝撃的なものだった。いじめの発生頻度は、多発しているといわれていたノルウェーよりも高いことが明らかになった。新聞の見出しには、イギリスは「ヨーロッパにおけるいじめの中心地」ではないかと問いかけるものさえあった。また、いじめを苦にしたと見られる女性の自殺をきっかけとして、BBCがいじめを徹底取材した番組を放送し、議会質疑で政府対応が問われるに至って、マスメディアの関心は、一九九二年に再びピークに達することになる。

この調査は、イギリスでのいじめの実態を明らかにした点で有意義であった。それにとどまらず、オルヴェウスが学校全体や学年、学級での取り組みを提言したことを受け、校庭管理への子どもたちの参画の仕組みや、保護者の協力態勢の作り方など、より具体的ないじめ防止プログラムが開発され、その後のヨーロッパ各国の取り組みの基盤を築いたことは、高く評価できる。

なかでも、その後の各国のいじめ対応にとって注目すべき点を四点に絞って上げておこう。

①子どもたちの参画　一つは、学校生活やその環境を良くするために、子どもたちを「参画」させようとする方向性である。前出の「エルトン・リポート」が勧告したように、いじめは当事者だけでなく、すべての子どもたちに共通する課題であるという認識が大切である。

日本の改正教育基本法（二〇〇六年）第一条に示されているように、学校教育の最大の目的は、個人の人格の完成と社会を形成していく資質の育成にある。その生活の場である学校づくりに子どもたちを参画させることは、社会づくりのための資質の育成にとって大切な学習の機会となる。スミスは、反いじめ教育の最終目標は、「市民性（シティズンシップ）」の育成にあると述べている。シェフィールド・プロジェクトは、こうした視点に立っていることを見逃してはならない。

②保護者の協力態勢　もう一つの注目点は、保護者の協力態勢である。具体的には、保護者が休み時間に校内や遊び場を見回るプログラムが入っている。この方策は、一見して明らかなように、保護者を参画させ、家庭と一体となって学校を運営することを意図したものである。しかし、一面では外部人材（保護者とはいえ）を活用した、問題行動への監視体制を校

内に築き上げるものと見なすこともできる。

このような穿った見方にこだわるのは、この「外部人材を導入した監視体制の構築」という統制手法が、世界のいじめ抑止の手法の一つになっていくからである。

いじめや暴力行為を直接その場で抑止する方法の一つに、「監視型」がある。警察による校内のパトロールや、保護者や近隣住民、ボランティア団体などによる校内の見回りなどが、「監視型」である。

もう一つは、「取り締まり型」と呼びうる方法である。ルールを設定し、あるいは子どもたちにルールを作らせ、いじめた子どもをそのルールに基づいて罰し、それでも治まらなければ、逮捕する場合もある。

最後は「直接介入型」である。その場に居合わせた人間が止めに入るなど、いじめに直接歯止めをかける方法である。しかし、状況によっては子どもたちに期待できない場合もある。そのため、教師や警察に「通報」することを奨励することも、この手法のバリエーションである。

これらの手法の一つに特化している国はない。たとえば、韓国では二〇〇四年に「学校暴力法」が制定され、いじめも暴力の範疇《はんちゅう》に入れて対策を講じている。その対策の基本は、「監視型」と「取り締まり型」の混合である。報道によれば、近年ではモデル校を設け、退職警察官と保護者による校内パトロールを実施している。また、「直接介入型」も導入している。学校暴力法の趣旨に沿って厳しい対応が求められ、いじめの事実を知りえた者は校長や教師に「申告」する義務を負う。

③社会的包摂　三点目は、スカンジナビア圏の研究の紹介のなかでも触れたが、エスニシティ差別といじめの結びつきを事実として明らかにしたことである。

イギリスにおいても、いじめが差別問題と絡まって発生しており、排除された子どもたちをどのようにして社会的に包摂《ほうせつ》（ソーシャル・インクルージョン）していくかが、重要な課題となっている。

加えて、グローバル化の波に呑み込まれ、各国の財政赤字は膨張し、福祉国家が揺らいでいる。一九八〇年代に現れてきた「新たな貧困」といわれる問題は、これまでの福祉政策や人々の支え合いに限界が生じたことから生まれてきた。日本でも、格差の拡大に伴い、新たな社会的排除の問題が影を落としている。こうした問題が、子どもたちの状況にどのような影響をもたらしているのか、日本においても改めて検討し、社会的な方策を講じていく必要がある。これらの問題については、第5章で詳しく解説する。

④障害児への視点　四点目は、特別な教育的ニーズをもっている子どもたちについても、視野に入れていることである。スミスは、身体障害を抱えている子どもたち、あるいは精神障

害や行動障害、学習上の困難を抱えている子どもたちについても調査している。その結果、これらの子どもたちは、加害者や被害者としていじめに関与する危険性がかなり高いこと、そして彼らがいじめに巻き込まれていくメカニズムが明らかにされている。

日本では、特別支援教育が制度として始まったばかりで、いじめとの関係については、対応策も含め十分な研究が進んでいない。シェフィールド・プロジェクトをはじめ、欧米の研究の蓄積から学ぶところは大きい。

アメリカでの関心の高まり

欧米諸国のいじめの捉え方の特徴の一つは、いじめを社会問題の特定の領域と見なさず、校内暴力のような、より幅の広い文脈で対応する国が多いことである。ノルウェーやイギリス、日本のように、いじめ問題に特化して、国を挙げて実態を把握し、対応策を講じる国は少ない。

日本は、政府が「毅然とした対応を」と謳《うた》いつつも、刑法に抵触《ていしょく》する行為は別として、通常は、校内処分や警察への通報、検挙・補導に直結させず、教育的指導によって対処しているが、いじめを暴力行為と位置づける国では、いじめが社会問題化するにつれて、加害者に処分や逮捕など厳罰を与えるほうが、人々の感情に馴染みやすい。

こうした国の一つがアメリカである。二〇〇〇年までは、全国レベルでの大規模ないじめ抑止政策をとっていなかった。国民にとっても、暴力や犯罪、麻薬のほうが大きな関心事であった。

辛うじて連邦レベルの対策に近いものとして、一九八四年、大統領命令を受け、司法省青少年司法・非行防止局と教育省との共同事業として設立された「全国学校安全センター(The National School Safety Center, NSSC)」の活動がある。NSSCは、校内暴力に関する情報、技術援助、プログラムなどの教育開発センターとして機能している。

もともと、アメリカにおいて、いじめ問題は学校の安全という幅広い目的のなかの一つの問題として扱われ、中心的なテーマではなかった。いじめに関する調査研究もあまり行われず、全国レベルでの統計調査はおろか、州政府レベルのものも存在しなかった。

しかし、一九九〇年代に入って事情は一変する。暴力事件や犯罪に関わる子どもたちが増え、学校や社会の安全が脅かされる事態が頻発し、社会全体が暴力に対して厳しく臨むよう期待する声が高まってくる。

犯罪理論では、ウィルソンとケリングによる「割れ窓理論(Broken Windows Theory)」が政策担当者の注目を集めるところとなった。この理論は、ウィルソンによれば、「工場や事務所の窓が割られていると、通りかかる人は、その建物は誰も管理していないと思うだろう。そのうちに、石を投げてもっと窓を割る人が出てくる。あっという間にすべての窓が割られ、通りかかる人は今や、建物だけでなくそれが面する街路まで誰も管理していないと思うようになる」。「だんだん多くの市民がその街路を放棄して、そこを徘徊《はいかい》する連中に明け渡すようになる。小さな無秩序は、次第に大きな無秩序になり、犯罪にまで至る」というものである。

一九九四年、検事出身のジュリアーニが、ニューヨーク市の治安回復を公約として市長に当選し、この理論の創始者のケリングを顧問に招いて「割れ窓理論」を応用し、その結果、ニューヨークの犯罪を激減させたと喧伝《けんでん》したのも、この時代である。彼らがとった手法は、まず、公共の場所での軽微な秩序違反を徹底的に取り締まることと、パトロールによる監視体制を強化することから始まる。そのため、彼らの犯罪政策は「ゼロ・トレランス」政策と名付けられている。ほんのわずかなことでも見逃さず、「不寛容」で臨むという意味である。

この政策の効果について、今日では議論があるが、当時は高く評価され、他の国々の政策担当者の関心を引きつけたことはたしかである。

一九九〇年代に入ると、暴力的ないじめも多発し、自殺する子どもたちが現れるなど、その被害が無視できない状況となる。さほど関心がもたれなかったいじめ研究も次第に盛んになり、実態調査により、アメリカのいじめ被害経験率の高さが統計的に明らかになった。

一九九九年には、コロラド州のコロンバイン高校で銃撃事件が発生し、多数の高校生が亡くなっている。アメリカ国民を震撼《しんかん》させたこの事件は、当時の報道によると、いじめ問題が複雑に絡んでいたとされている。

英語の bullying は、もともと身体的な力に基づく暴力的ないじめというニュアンスの強い単語である。国民の間で暴力被害への不安が高まるなかで、暴力は小さくても見逃さずに芽を摘《つ》むという「ゼロ・トレランス」の発想をいじめに持ち込むことは、この理論の評判が確立していたときだけに、自然な流れであった。

「反いじめ法」

アメリカの教育行政の仕組みでは、いじめ問題への対応などの政策決定は、州の教育省や教育委員会、学校区の教育委員会に委ねられ、連邦政府として国家挙げての取り組みを打ち出すことは稀である。そのため、いじめ被害の緊迫した状況を受けて政策を打ち出したのは、州政府や学区教育委員会であった。

なかでも特筆すべきは、州法として「反いじめ法（通称 anti-bullying law）」を制定する動きが現れたことである。国会図書館の井樋三枝子《いびみえこ》の調査研究報告によれば、この動きは二〇〇〇年から二〇〇三年にかけて集中して増えてくる。二〇〇七年五月現在、アメリカでは三二州がいじめに関する何らかの州法の規定を有しているという。

しかし、州ごとに取り組みがなされているため、対策の基本方針や具体的な取り組みには、かなりのばらつきがある。厳罰化の方向を強めている州もあれば、厳罰化の方針をとらない州もある。また、両論で議会が紛糾し、反いじめ法を制定できない州もある。しかし、いずれにせよ、いじめた子どもの加害責任を何らかの形で問う姿勢では一貫している。

いじめた子どもの加害責任を問う姿勢は、近年、日本でも大きな社会問題となっているインターネットによる誹謗《ひぼう》中傷（サイバーいじめ）にも及んでいる。井樋がアメリカの反いじめ法の代表的な事例として紹介しているデラウェア州の「学校いじめ防止法」では、必ずサイバーいじめに関する規定を置くことが明示されている。そして、インターネットの特性に鑑《かんが》みて、加害者が学校で起こしたものでなくても、学校と密接に関係があれば、処分対象とすることを盛り込んでいる。

3　日本と欧米の違い

学校暴力の一形態を超えて

いじめを学校暴力の一形態と見なす傾向は、国際会議や国際機関にも反映していた。たとえば、一九九八年、ユネスコやフランス教育省が後援し、ボルドー大学に本拠を置く「校内暴力欧州監視機構」が主催して始めた「校内暴力に関する国際会議」では、いじめ問題を、学校における暴力行為に含めて議論している。

しかし、実際には先進諸国の関心の高まりを受け、いじめ問題の部会の設置数も多く、あたかもいじめに関する国際会議の趣《おもむき》があった。今日では、いじめ問題を学校暴力という広い文脈に位置づけつつも、固有の特性をもった独自の領域の問題と見る傾向が強まっている。たとえば二〇〇五年、OECDでは、いじめと校内暴力に関する教育プロジェクトを組み、加盟国政府の教育行政機関や研究者による国際的なネットワークづくりが始まるなど、経済先進諸国における関心も高まっている。

その背景には、経済先進国においても、テロを含めた暴力問題への不安が高まっていることが挙げられる。心身を含めた暴力全般への対応の必要性が強く認識され、いじめは虐待などとともに重要な問題群と捉える傾向が強まっている。

また、スカンジナビア圏やイギリスでの展開の箇所で示したように、社会的な差別の問題は、その一角が、いじめという形をとって現れる。そのため、いじめを単なる人間関係のトラブルと見なすのでは、問題の広がりに対処することはできない。とくに、EU統合以来の最大の関心事の一つは、各国間の格差と民族間の葛藤《かっとう》や排除を乗り越え、すべての人々の包摂と共栄を図ることにある。とりわけヨーロッパにおいて、いじめ問題が政治的かつ社会的な課題となる所以《ゆえん》であり、日本のいじめ問題の捉え方と大きく異なる点である。

日本の傾向

欧米で国際学会に出席すると、いじめは学校暴力のセッションとして扱われている。「いじめ・不登校対策」と併記される日本の対策会議の名称を見慣れてきた筆者に、「いじめ・学校暴力」と併記されたタイトルは違和感があった。

そこには、単なる表現の違いを超え、いじめの捉え方に対する日本と欧米の文化的な違いさえ読み取れる。

その一つは、「被害者個人の救済」に重きを置くか、それとも、「社会の安全と人々の安寧の確保」に重点を置くかという比重の違いにある。いじめ対策には、常にこの二つの目的が兼ね備えられているが、社会や時代によってウェイトのかけ方が異なっている。「個人―社会」と「被害―加害」という二つの軸のうえで、どこに政策の焦点が当てられるかの違いといえる。

日本では、いじめ問題が大きな関心を呼んだ一九八〇年代、「モラル・パニック」にも似た状況が起きたことを既に見た。当時の国民の最大の関心は、「自分の身内や知り合いが、いじめの被害に巻き込まれていないか」にあり、保護者を中心として不安が高まった。

そのために、対応の焦点を加害よりも被害に置き、被害にあった「個人」の「こころ」への対応を中心とする対策が進められた。具体的には、①被害の早期発見と相談、②傷ついた子どもの心理的な安定と自立へのサポート、③いじめた子を含めた周囲の子どもたちとの関係調整などが模索された。また、制度的な対応についても、いのちの電話、いじめ相談の電話受付および相談窓口の設置、スクール・カウンセラーの導入などを柱に展開されてきた。

こうした対応は、いじめる子どもの「こころ」の問題のみならず、「不登校」についても効果が期待できるため、文部省は、いじめ・不登校対策としてスクール・カウンセラーの配置を進めていくことになる。

「いじめ」「不登校」を、このように併記する傾向が生まれたのは、底流に、前記の「個人―社会」軸と「被害―加害」軸でいえば、「個人」と「被害」という極に近い視点で現象を捉え、対策を立ててきたからである。

文部省のスクール・カウンセラー委託事業が九〇年代半ばに始まって以来、日本の学校現場ではすっかり定着している。日本のいじめ対応は、「個人のこころ」への焦点化をさらに進め、「心理主義」的な色彩を強く帯びたものとなった。

欧米の傾向

日本において、いじめ対策が「個人」のこころだけでなく、「社会・集団」への被害の問題へとスライドし始めるのは、第三の波を経た二〇〇六年以降のことになる。

これに対して、欧米のいじめ研究に影響を与えているオルヴェウスが主張したように、いじめは攻撃行動のサブカテゴリーであると認識するならば、対策の焦点は加害性への対応に向かう。

加害という視点から捉えれば、イギリスの「エルトン・リポート」が指摘したように、いじめは学校へも害を及ぼしている。暴力行為と同じように、いじめは学校社会を支える規範を傷つけ、風紀や秩序を乱し、子どもたちの安全や自己実現を脅かす。風評被害が生じ、学校の評判が落ちることもないではない。そうならないためにも、加害者の行動のコントロールを目標にするだけでは不十分である。学校の安全を確保し、子どもたちの満足感とアイデンティティを担保し、学校づくりへの参画を図ることで、「社会防衛」に重きを置くことが大切になる。

欧米でも、「被害者個人の救済」に十分な配慮をしていることはいうまでもない。教師やカウンセラーだけでなく、子どもたちも加えて学校ぐるみで被害に遭った子どもを支援し、互いに支え合うよう促す取り組みも導入されている。この活動は、いじめ被害というリスクを個々人が背負ったときのセーフティネットを、子どもたち同士で作り上げるものと見ることもできる。また、人々のつながりが弱まっている現代社会において、新たな社会防衛の砦《とりで》を築き上げる活動と見ることもできよう。

加害性に着目する場合でも、子どもたちの規範意識を育成して加害行為を止めようとするだけではない。子どもたちが連携して、抑止力を作り出すことが必要となってくる。

欧米社会の学校教育が、近年、「市民性（シティズンシップ）」の育成に力を入れているのも、シェフィールド・プロジェクトの項で触れた「監視型」「取り締まり型」をいくら強化したとしても、限界があるからである。社会を社会たらしめ、秩序を維持し、人々の安全と生活の安寧を図るためには、相互の支え合いのうえに形成される社会参画が不可欠である。

欧米の考え方の背景

一九九六年、国際比較調査の共同研究者であるＰ・Ｋ・スミスやＤ・オルヴェウスらのヨーロッパやオーストラリアの研究者を招いて、文部省と国立教育研究所が共催した「いじめ国際シンポジウム」の楽屋で打ち合わせをしていたときのことである。私が当時の文部省による、学校向けのいじめのリーフレットを説明していたとき、海外のシンポジストたちが一様に疑問を呈したのは、日本の転校措置の背後にある基本姿勢についてであった。

リーフレットには、いじめられた児童生徒に対して、席替え、クラス替えや転校措置を柔軟に行うと記載されていた。被害者を守るという視点から考えれば、自然な発想と私たちには思えた。

しかし、彼らは、一様に「いじめられた子どものほうが、なぜ転校しなければならないのか。転校すべきは、いじめた側ではないか」と疑問を投げかけてきた。ヨーロッパの発想に照らせば、共同生活のなかで被害が発生し、安全が損なわれたとき、学校が加害責任を明らかにし、加害者にその責任を果たすよう求めるのは当然であり、それこそが、共同体における正義を実現する妥当な方法である。

この転校措置をめぐって、いじめ対策の焦点を加害・被害のどちらに置くか、そして加害行為の責任をどうとるか、という点に関する日本と欧米の違いがはからずも浮き彫りになったのだった。

欧米の考え方の背景には、加害者の行為責任を明確にし、その責任を常に問うという欧米の歴史のなかで培《つちか》われた土壌がある。裏返していえば、行為責任の観念やそれを問う仕組みが発達していない社会では、加害性を問うことに自《おの》ずと甘くならざるをえない。

なお、加害者の行為責任を問うといっても、いじめた子がただちに処分や懲戒《ちょうかい》を引き受けなければならないと短絡的に考えるべきではない。集団のなかで義務づけられている行為や望ましいとされている行為を遂行する責任について自覚させること、行為の結果を予期させること、結果責任の存在と責任のとり方を自覚させることなど、一連の責任が含まれている。処分や懲戒は、責任のとり方の一つのタイプに過ぎない。

また、行為責任は、問題を起こした者にだけ伴うものでもない。いじめの当事者やその場に居合わせた者、そのことを聞いて知りえた者、児童・生徒、教師、保護者、外部関係機関や地域の人々など、立場によって、それぞれに責任がある。

たとえば、イギリスなどで試みられている「いじめ裁判」を考えてみよう。いじめ裁判は、学校内に設けられ、子どもたち自身による審理や告発・弁護が「教育プログラム」として展開される。

いじめ裁判については、イギリスの教育現場でも、懲罰的色彩が全面に出かねないことを危惧《きぐ》し、導入に否定的な声がある。しかし、欧米では、陪審員制度や参審員制度など司法への市民参加が定着している。学校という社会を構成するメンバーのすべてが、いじめを自分たちの学習と生活の場に関わる事態と捉え、直接の加害者に限ることなくその発生責任を明らかにし、正義と安全を実現し、学校を楽しい場にする責任がある。

したがって、「いじめ裁判」は、単なる犯人捜しや加害者の責任を問う場ではなく、いじめの抑止を直接の目的としたものでもない。むしろ、子どもたちに考えさせることをきっかけとして、社会や集団のなかでの自己のあり方をどのように形成していくかという課題を達成させる試みである。その点では、市民性（シティズンシップ）教育と法教育の一環として捉えることができる。

イタリアの懲罰事件

もう一つ、『日本経済新聞』（二〇〇七年八月三十日夕刊）に掲載されたイタリアの訴訟《そしょう》例を紹介しておこう。

イタリアでは二〇〇六年度、子どもの自殺などがきっかけとなって、学校でのいじめが社会問題化していた。そんななか、パレルモ市の中学校で起こった事件が人々の注目を集めた。

同紙の報じるところによると、同級生の男子生徒を「ゲイ、女の子」と呼び、男子トイレに入れさせなかった生徒に、罰として「僕は馬鹿だ」とノートに一〇〇回書かせた女性教員を、父親が「過剰懲罰」だと告訴。二万五〇〇〇ユーロの賠償を請求したのだ。訴えを受けた検察庁は教員に懲役二ヵ月を求刑したが、裁判所は無罪の判決を下した。イタリアの新聞には「親に『私は馬鹿だ』と一万回書かせろ」「この親にしてこの子あり」と教員に同情的な投書が相次ぎ、議論が加熱した。

行政も社会問題化したこの事件を放置できず、対策に乗り出すこととなった。その内容は、まず、いじめの加害者に一五日間の停学と校内での奉仕活動を義務づけること。同級生や学校の施設などに損害を与えた場合に備え、弁償を約束する協定書へのサインを学校は保護者に要求できること。教員はいじめを発見したら、すぐに報告しなければならないこと。早期発見に努めつつ、いじめ予防への対策も講じること、となった。

出席停止措置が妥当かどうか、校内での奉仕活動の是非など、議論の余地はあろう。しかし、ここで貫かれている考え方は、いじめが起きた場合、それぞれの立場にある人々の権限と責任を明確にすることであり、なかでも行政は市民から付託された権限を誠実に行使し、その責務を果たすべく期待されているということである。つまり、いじめが発生した場合、行政は、加害責任をいじめた側に求める責任を負う。

また、例に挙げたケースでも教師を支持する投書が相次いだように、保護者は養育の第一義的責任を負う主体であると、社会から常に期待されている。教師へ無罪判決が下されたのは、教師の責任と主体性を尊重する判断が示されたことを意味する。

もちろん教師の指導が「過剰懲罰」にあたるかどうかに関しては、イタリアでも議論があろう。また、判決は固有の事情を斟酌《しんしゃく》したうえで下されるものであり、そのまま一般化することには慎重でなければならない。しかし、権限と義務、さらに責任についての意識が希薄《きはく》になりがちな日本の教育現場にとっては、参考にすべき点が多い。

被害者の責任

責任について考えるとき、いじめられた側も免責されるわけではない。もちろん、ときおり聞かれるような、「いじめられた側にも悪いところがある」という、発生責任を被害者に負わせるような意味ではない。いじめられた側は、被害から守られる受動的な存在であるだけではなく、いじめを防止する主体としての能動的な側面も求められる、という意味である。

もとより、いじめられた子どもが、いじめる側に止めてくれとは容易にいえない状況が多々あることは当然である。したがって、抵抗できなかった責任を被害者に求めるのではない。いじめに対処するためのトレーニングを子どもたちに提供し、周囲からの支援が迅速《じんそく》に発動されるような体制を普段から構築しておくことが大切である。欧米では、自己主張のトレーニングや、教師のスーパーバイズのもと上級生による相談体制を作るなど、いじめられた子どもを孤立させない工夫をしながら、いじめられた子どもの対処能力を培い、自立した主体としての責任を負うことができる人格の育成に向けて周りから支援する必要があると考えられている。

この姿勢は、いじめや暴力行為だけに限らない。アメリカでは、不登校を「教育を受ける機会の妨げになるもの」として捉えている。州や郡ないし学区によって違いはあるが、一定の日数の欠席が続き、事態が改善されなければ、生徒自身にも、そして教師、カウンセラー、保護者、医師、行政についても、それぞれどのような義務を負うべきであったか、明確に評価される仕組みをもっている。義務を怠った場合、その程度によっては、処分が科されることもある。

いじめにしても不登校にしても、あるいは暴力行為にしても、それぞれの対策には長所もあれば短所もある。海外で効果を上げているからといって、そのまま日本に導入して効果が上がるものでもない。なかには逆効果となるものもある。各国の文化や社会のあり方と無関係ではないからである。

しかし、いじめには、文化や社会を超えて共通するものがある。それだけに、社会的な制御の仕組みや方法について、同じような考え方を適用することが可能である。海外の事情に学ぶことは、日本社会のいじめの捉え方や対応のどこが適切で、どこに問題があるのかを知り、私たちがこれから進んでいくべき方向を見定めることに役立つだろう。

第2章

日本での三つの波

1　第一の波――いじめ問題の発見

日本において、いじめが社会問題として登場したのは、一九八〇年代の半ばである。当時は、メディアで連日いじめが取り上げられた。その結果、広く国民の関心を呼び、国を挙げての対策が推進された。社会問題化の「第一の波」の到来である。

この時期における特徴は、研究においても、現場での対応においても、海外とは独立して展開されたことである。海外の引用文献が論文の末尾を飾ることが一般的な日本の研究風土からすれば、いじめ研究は例外的な状況にあった。それは、日本社会がスカンジナビア圏と並んで、最も早くからこの問題に気づき、取り組みを始めたことと無関係ではない。

しかし、このことは、その後、海外の状況に目を向ける妨げとなった。いじめは日本固有の問題であり、海外にいじめはない、あったとしても被害も頻度も問題にならないほど小さい、という誤った認識が横行した。この誤解は、第二の波が訪れる一九九〇年代の半ばまで続く。

こうした誤解は、いじめの原因分析にも影響する。いじめが海外で問題にならないとすれば、自《おの》ずと原因を日本の特殊な状況に求めざるをえなくなる。「島国根性」「違いを排除する国民性」「人々の横並び志向」「過熱する受験戦争」「管理主義教育と体罰」など、日本的な特徴を過度に強調した原因論が展開され、その結果、対応策までもが歪曲《わいきょく》されかねない状況が生まれた。

今一つ、日本にとって不幸なことは、言葉の障壁《しょうへき》が存在していることであった。誤った認識があったにせよ、欧米諸国が取り組みを始める九〇年代初頭に至るまでの期間、日本では膨大な量の研究や対策が、著作や論文、行政機関による報告書として蓄積されていた。しかし、これらが英語で発信されることはほとんどなかった。そのため、早くから取り組みながらも、海外での引用や比較研究はほとんど見られず、蓄積が有効に活用されることはなかった。この時期の日本はいじめに関して、「鎖国」にも等しい状況であった。

校内暴力との線引き

日本における「第一の波」のもう一つの特徴は、いじめが学校での暴力行為とは別の社会問題として認識されたことである。この特徴が、欧米のいじめの捉え方との違いに結びついていることは、第1章で検討した。

いじめという問題を日本の社会が見出し始めた七〇年代終わりから八〇年代初めにかけては、校内暴力が吹き荒れていた時代である。文部省（現文部科学省）の実態調査によれば、校内暴力は、七〇年代から増加して八三年にピークを迎え、その後、逓減《ていげん》期に入っている。これにいじめ問題への人々の関心の高まりを重ね合わせると、いじめは校内暴力に続いて登場したかに見える。そのため当初は、いじめは「校内暴力の新たな展開」と位置づけられる傾向があった。同根の病理構造をもつという意味で、「モグラたたき」に喩《たと》えられもした。

しかし、いじめを校内暴力と地続きに捉える考え方は長く続かなかった。前章で、当時の国民の不安感情をモラル・パニックにも似た状況と表現したが、八〇年代半ばに、いじめ問題は、校内暴力と異なる新たな問題領域として位置づけられている。たとえば、文部科学省が、全国すべての公立小・中学校を対象に実施している「児童生徒の問題行動等生徒指導上の諸問題に関する調査」では、一九八五年以降、「いじめ」を「暴力行為」とは別に、独立したカテゴリーとしている。

もちろん、いじめは、現象面だけで見ると、校内暴力カテゴリー内の「生徒間暴力」や「犯罪・非行」と重なるところもある。そのため、当初は、暴行・恐喝・傷害・横領など刑法に触れる行為がいじめとして行われたとき、これをいじめと見るべきか、犯罪・非行と見るべきかについて論争があった。どちらに位置づけるかによって、対応が異なるからである。犯罪・非行として対応すれば、司法手続きに付されることも予想される。いじめと見なすならば、刑法に触れる行為であっても、学校の指導に委ねられる可能性が高くなる。

結局、日本では、「加害者へ教育的な指導で対処する」という大枠が変わることはなかった。「たかが子どものいじめ」と、いじめ被害を軽く見積もる風潮があったこと、教育関係者を中心に「子どものことに大人が口を出すべきではない」という考え方があったこと、「いじめは大人になるための必要悪」といった意見が教育関係者に見られたことなどが原因である。また、当時の日本の教育界に、「子どもを司直の手に委ねることは、学校が教育責任を放棄することに等しい」という意見が根強く残っていたことも影響していた。

被害対応の進展

第1章で見たように、いじめが社会問題となる最大の契機は、追い詰められた子どもたちの自殺とその遺書であり、マスメディアの連日の報道と国民の不安感情であった。そのため、被害者の自殺や事故に備える危機管理や相談体制の構築が喫緊《きっきん》の課題とされたのは自然なことである。学校現場では、いじめられた子どもが発するわずかなサインにどうすれば気づけるか、あるいは子どもの気持ちを受け止めるためのカウンセリング・マインドの習得に関心が集まり、教員への手引き書が作成され、研修が実施された。校外には、「いのちの電話」や「いじめホットライン」などの相談窓口が開設され、一部の地域では子どもたちにテレホンカードが配布された。

もちろん欧米でも被害者への相談体制を構築することは、いじめ対策上、不可欠なこととなっている。一九八六年、子どもの被害保護を目的として、イギリスで始まった二四時間対応のフリーダイヤル「チャイルドライン」は、いじめ相談も扱っており、運動としてもさまざまな国に影響を与えている。

しかし、日本のいじめ対応は当初から、もう一つの側面の社会防衛的な性格が薄かった。処分や懲罰に代わって、教育的指導と心理相談を特徴とする対応が展開され、第二の波以降のスクール・カウンセラーの導入へとつながっていく。

「悪」としての確立

八〇年代に、社会問題としていじめが発見されたことにより、私たちの社会に「いじめ」という概念が確立された。

「概念の確立」というと、私たちは研究上の概念を想定してしまう。しかし、ここでは日常生活のなかで、「いじめ」という言葉が共通の理解可能な用語として確立したことを意味している。

もちろん「いじめ」という言葉は、社会問題化する前から日常用語として使われていた。しかし、今日のように、一定の人間関係のなかで精神的・物理的な攻撃を加える現象を総称する言葉として用いられていたわけではない。それらの現象には、「いやがらせ」「迷惑行為」「差別」「侮蔑《ぶべつ》」「からかい」「小突く」「蹴る・殴る」「いたぶる」「無視」「仲間はずし」……列挙すればきりがないほどの言葉がばらばらに用いられてきた。「いじめ」という現象が社会問題として発掘され、社会全体で取り組むべき新たな課題と位置づけられたとき、現象を総称する用語として、最も広い概念を有する「いじめ」という言葉があてがわれるようになったのである。

しかし、社会問題化した後では、人々が「いじめ」という言葉に込める意味は社会学者・土井隆義が指摘したように、異なったものとなっている。これまで個々の名称で呼ばれていた行為が、「いじめ」という上位概念に括られた。そして、それぞれの行為がいじめという文脈に位置づけられ、相互に関係づけられることとなった。さらに、いじめという概念に、道徳的な意味が付与された。いじめに接したとき、人々はどのように反応することが望ましいのかという価値観が、この言葉によって指示されることとなる。

特定の現象が社会問題となり、用語として確立すると、私たちの認識や反応の仕方にまで変更を迫ることになる。「決して健全なものではない」が、人間の社会ならば「どこにでもあるもの」としてこれまで認識されてきたいじめを、「人間として許すことのできないもの」へと読み替える「変換コード」が確立したのである。いいかえれば、社会規範としてグレイゾーンに位置していた「いじめ」が、明確な「逸脱」ないしは「悪」の領域へと移行したのである。

いずれの社会問題でも、社会を挙げて解決すべき問題として位置づけられるには、「その現象は社会規範に照らして望ましくない」という定義づけを必要とする。

いじめ問題でも、文部省が緊急アピールや通達、あるいは委員会や審議会の報告を通じて、国民に訴えかけた。さらに子どもたちは学校での教育により、教師は研修により、保護者や市民はいじめ撲滅キャンペーンや啓発活動などにより、いじめに関する社会規範を内面化していった。

ここでいう社会規範とは、法律などのルールだけでなく、倫理や道徳などの価値や、風習・風俗、習慣といった日常生活に組み込まれたものまでを含む。社会規範に照らして望ましい考え方や行動を推奨し、構成員に内面化させる一方、望ましくないものについては罰を行使したり、非難したりといった「社会的な反作用」を与えることによって、社会秩序は維持されている。こう考えると、私たちの日常生活の秩序は「道徳的な意味づけ」によって成り立っていると見なすことができる。

いじめが社会問題としての地位を確立するということは、私たちがいじめに接したとき、どう認識し、どう反応すれば良いかという、「反作用のパターン」が内面に形成されることでもある。

第一の波で見失われたもの

以上のように、「第一の波」は、広く人倫に関わる問題として、また、ときには人命に関わる問題として、いじめを発掘し、人々の反応のパターンと社会的な対応をシステム化して社会構造のなかに埋め込んだ、という面で高く評価できる。

その反面、これまで社会的な差別に端を発して起きていたタイプのいじめを、「いじめ」という上位概念のなかに一般化して括り込んだことで、差別に固有の状況と対策を曖昧《あいまい》にしかねない面もあった。

第1章でも指摘したように、同和差別やエスニシティ差別などと関連して発生するいじめは、「第一の波」以前にも存在していたし、それが自殺事件となってメディアで報道されることもあった。しかし、これらは差別問題という文脈で扱われるようになったため、地続きの問題でありながら、いじめ問題から抜け落ちてしまう傾向さえ見られるようになった。

八〇年代以降に行われたいじめの実態調査では、差別を背景としないいじめが大勢を占めた。国民の不安感情も手伝って、一般的ないじめ問題に取り組みが偏ることとなった。いじめ問題の歴史を解説する書籍や論文などでも、いじめ問題の始まりを八〇年代以降とするものが大勢を占めている。

差別と結びついたいじめへの取り組みが、日本社会から抜け落ちてしまったわけではない。それらは「人権問題」「差別問題」というカテゴリーに括られ、そこで取り扱われることとなったのである。校内暴力がいじめ問題と別個のカテゴリーとして立てられ、両者が別次元のものとされている状況とよく似ている。差別や校内暴力を含めて、いじめ問題を総合的に捉える欧米とは様相を異にしている。

2　第二の波——相談体制の充実

文部省の調査によれば、いじめの発生件数は八五年に第一のピークを迎え、翌年から減少傾向に入る。その後も公式統計上は減少傾向が続き、八〇年代の終わりから九〇年の始めにかけては、沈静化したといわれるほどに激減している。「第一の波」の最中の八六年に比べると、九〇年では発生件数が半減している。

しかし、一九九四年、いじめによる深刻な被害が再びクローズアップされ、社会問題化の「第二の波」が訪れる。愛知県の大河内清輝君の自殺事件がきっかけであった。「第一の波」から一〇年。人々は悪質な事件が再び起きたことに衝撃を受け、いじめ論議が高まった。

一九九四年に入って、いじめが関係していると思われる自殺事件は、複数件報道されていた。そこに、大河内君の自殺と彼の自室の机のなかにあった遺書の内容が衝撃を与えた。遺書により、繰り返しいじめを受け、中学生にとってはあまりにも高額な現金を数回にわたって要求され、次第に追い詰められていく彼の心理が明らかになったのである。

文部省の緊急アピール

この報道を受け、文部省は急遽《きゅうきょ》「いじめ緊急対策会議」を設置し、第一回の会議で「緊急アピール」(一九九四年十二月九日)を発表している。このアピールには、大河内君事件の性格を踏まえて、これまでのいじめの認識と異なる点が含まれている。

まず、冒頭に「直ちに学校を挙げて総点検を行うとともに、実情を把握し、適切な対応をとること」を掲げている。いじめの実態把握にしても、対応にしても、不十分な点が報道を通じて明らかになったなかで、緊急事態を宣言し、総点検を求めたことは、当然の措置である。また、その際に、「いじめがあるのではないかとの問題意識を持って」点検することを求めている。いいかえれば、「いじめは、いずれの学校でも起こりうる現象である」という認識を文部省が示したともいえる。これは現場に対して反省と認識の変更を求めるものであり、その意義は大きい。

一九九六年に文部省と国立教育研究所の共催の下に、東京と大阪で開かれた「いじめ国際シンポジウム」は、「いじめの遍在性」をさらに周知させることとなった。

当時の日本社会では、「いじめは昔からあった」という認識は固まっていた。しかし、「海外にもある」という認識がなく、日本固有の現象として論じる傾向が強かった。しかし、報道各社がこのシンポジウムを大きく扱い、教育関係の雑誌や書籍で海外の状況が紹介されるにつれて、「いじめはどこにでも起こりうる」という認識へ大きく変わっていくこととなる。

文部省の緊急アピールは、教育現場におけるいじめ対応について修正を求める提言も含まれている。緊急に対応すべき点として、「学校、家庭、社会は、社会で許されない行為は子どもでも許されないとの強い認識に立って子どもに臨むべきであり、子どももその自覚を持つこと」という提言を加えていることにうかがえる。

この提言は、「弱い者をいじめることは人間として絶対に許されない」との認識をもって、社会を挙げて対処することを求めたものである。その後の「いじめ緊急対策会議」での審議結果をまとめた報告（一九九五年三月）のなかでも、対応にあたっての基本認識として冒頭に再掲されている。少し長くなるが、重要な点を含んでいるので引用しておこう。

「いじめの問題については、まず誰よりもいじめる側が悪いのだという認識に立ち、毅然とした態度で臨むことが必要である。いじめは卑劣な行為であり、人間として絶対に許されないという自覚を促す指導を行い、その責任の所在を明確にすることが重要である。社会で許されないいい行為は子どもでも許されないものであり、児童生徒に、何をしても責任を問われないという感覚を持たせることは教育上も望ましくないと考えられる」（傍点は筆者による）

学校現場では、いじめはもちろん、暴力行為についても、厳しく加害責任を求めず、可能な限り教育的指導に委ねる傾向がうかがわれた。とくに刑事事件になりうる問題に関しては、警察の介入への警戒感と自分たちの教育責任への強いこだわりがあった。

たしかに「第一の波」以降に起きたいじめのなかにも、刑法で規定する暴行や傷害に相当する事件は発生していた。しかし、大河内君の事件には、金銭の授受を伴う恐喝が含まれていた点が特徴的だった。警察の捜査で裏付けられた金額は数十万円だったが、報道や遺書では、これを上回る高額な金銭の授受が示唆されただけに、「学校といえども治外法権の場ではない」という論調が現れたのも無理からぬことであった。

「いじめ緊急対策会議」の報告では、こうした事実を踏まえ、これまでの加害者への対応に反省を促し、子どもたちに「行為責任」の感覚を意識させる必要性を強調したと解釈できる。

とはいっても、大河内君事件の報道でも、多くは被害にあった大河内君に焦点を当てている。加害者側についての報道は少なく、国民の関心はこれまで同様、被害の状況に向けられたままであった。

こころの相談体制の確立

「第一の波」が、国民の認識の変化を求める「社会問題としてのいじめの発見期」とすれば、「第二の波」以降の展開は、対応策としての「こころの相談体制の確立期」といえる。

こころの相談体制の充実は、これまでの「被害への焦点化」の流れを引き継ぐものであるが、不登校の増加の影響も大きい。一九九二年度の不登校児童・生徒数は七万人を超え、九五年度には八万人台に達する。そこからは増勢を強め、翌々年の九七年には一〇万人を超え、九九年には一三万人台へと突入することになる。

これを受け、文部省は、九五年度からスクール・カウンセラーの配置をスタートし、今日ではおおむね全中学校に配置されている。同時に、市町村における教育相談員の配置のため、財政措置を講じてもいる。この事業の延長上に、九八年から、「心の教室相談員」の配置も始まった。

他方、「いじめ問題等対策研修講座」を文部省の事業として実施し、カウンセリング・マインドについても研修させるなど、教師の相談体制づくりにも力を入れている。なかでも生徒指導担当の教師や養護教諭は、悩みを抱えている子どもたちに対応するため、臨床心理や精神医学に関する基礎的な知識を身につけておくことが職掌上必要とされた。いじめに加えて不登校が社会問題化した、この時期の教育現場では、心理面での教育相談に比重を置いた指導態勢が強化されたのである。

心理主義化した日本

日本でも海外でも、自殺がきっかけとなり、いじめが社会問題化する場合が多い。しかし、いじめによる被害は、自殺以外にもさまざまな形で現れる。「不登校」「深刻な精神的苦痛やストレス」「心身症」「うつ的症状」「トラウマ」「自己イメージの低下」「自己嫌悪感」「自尊心の喪失」「孤立感」「学習意欲の低下」「人間不信」「学校や社会への不信感」など、二次被害も含めて、子どもたちの心身の健康をむしばみ、成長を阻害している。

いじめは古くからある。それが現代社会のなかで改めて関心を集めたのは、多くの子どもたちがいじめの被害に遭っているという事実が明らかにされたからである。それだけに、いじめ問題への対応の力点は、子どもたちをいかに守るか、被害者の精神的な苦痛にどう応えるか、という点に置かれる。もう一つの焦点は加害の抑止であるが、日本はとりわけ被害者対策に重点が置かれ、「こころの相談体制」の充実に力を入れている。

それは、九〇年代の日本社会の「心理主義化」傾向と無縁ではない。「トラウマ」や「癒し」という言葉が流行し、「臨床心理士」資格の取得できる大学院への進学競争が激化し、

「カウンセラー」が憧《あこが》れの職業となった。その背景には、人々の関心が、社会的な地平から私生活へと移行したことがある。自分に素直な生き方や個人の幸福、生きがいや自己実現を求める志向性が強まった。社会や集団の共同性は揺らぎ、人々の支え合いや結びつきは弱まり、人間関係に変化が生じてきた。臨床心理学者の小沢牧子が指摘するように、人々が、そこに生じる不安や苦悩に応える技法としてカウンセリングに期待したことも、心理主義への傾斜を強めた一因かもしれない。

いじめは人間関係の歪みから立ち現れ、被害に遭った子どもの心に傷を与える。国家が「こころの相談体制」を作り、「スクール・カウンセラー」や「心の教室相談員」を配置することは、被害に遭った子どもの「傷ついた心の回復」への対応として当を得ている。

しかし、二一世紀を迎え、一連の「心理主義化」の流れに対して、心理学や精神医学のなかからも、自省的な発言が現れてくる。たとえば、精神科医の斎藤環《たまき》は小沢牧子の著書を引用しつつ、いじめや不登校が発生する背景にある現代社会の問題やカウンセリングに潜む「心のビジネス化」などに触れ、「状況のなかで生ずる生きにくさ、息苦しさを、個々の心の問題へと封じ込めて良いのか」と疑義を呈している。いじめの社会問題化が「第三の波」を迎える前夜のことであり、これ以降、心の問題としてだけでなく、社会の問題として、問題の根を掘り下げようとする視点が加わる幕開けの論議でもあった。

3　第三の波――私事化への流れ

川の流れに喩えれば、いじめ問題とは、川の表層にできる渦のようなものである。川は周囲の地形に沿って流れ、川幅の広狭によって流れに緩急が、川底の岩石や堆積した土砂によってねじれが、それぞれ生じ、表層の渦となって現れる。

日本の社会や文化という「地形」を俯瞰《ふかん》しつつ、「流れの深層」にある大きな社会の動向と、「河底の地形」にあたる学校や地域社会、家庭、あるいは人々の関係のあり方を読み解くことが、いじめという渦を理解し、対応策を考えていくためには大切である。

いじめも非行も、不登校も、視野を広げれば、同じ流れの表層に生じた渦である。もちろん、それぞれの問題の背景には固有の状況がある。しかし、大きな枠組みは、日本社会とその深層にある社会動向が形成している。本書では、この動向を、近代という大きな流れで考える。そして、近代化から生じる「個人化」の流れの一形態としての「私事化（privatization）」に視点を据えて、いじめという「社会の覗き穴」から現代の日本社会に生きる子どもたちの問題を考えていこうとしている。

私事化という言葉には二つの意味がある。一つには、社会全体の公的部門と私的部門の比重が変わることである。すなわち、公共性を担う主体としての「民」が重要性を増し、国や地方公共団体が管理・運営していたものを私的セクターへと委譲していくという、社会のガバナンスの変化を指していた。もう一つは、人々が組織や共同体の呪縛から解き放たれる半面、公共性への関心を薄め、私生活とその中核に位置する「私」への関心の比重を高めるという、一連の社会意識の動向を意味する。本書では後者について、考えていく。

いずれの社会においても、経済の繁栄と社会の安定は、人々に豊かな生活をもたらす。同時に人々は共同体の呪縛《じゅばく》から逃れ、個人の幸福を希求し始める。近代社会の歩みとは、人々のこの願いを実現するための模索であり、私事化はその願いから生まれた。

しかし、私事化の流れは、人と人との結びつきを希薄にし、集団や組織や地域社会の共同性へのつながりを弱めてきたことも事実である。いじめ問題は、こうした社会の動向と無関係ではない。

教育再生会議の提言

日本社会は、第一、第二の波を経験し、いじめに対してさまざまな取り組みを試みてきた。それにもかかわらず、二〇〇五年には北海道滝川市の小六女子、二〇〇六年には福岡県筑前《ちくぜん》町《まち》の中二男子をはじめとする自殺事件が相次いで発生し、いじめ問題は再び日本社会に大きな波紋を呼び起こすこととなった。いじめの社会問題化の「第三の波」である。

二〇年余りにわたって対策が蓄積されてきたにもかかわらず、新たな波が発生したことで、問題点が改めて洗い出された。とくに発生の状況や対応時の問題について、二〇年前と変わっていないことが明らかにされ、教育関係者に衝撃を与え、社会の批判もその点に集中した。これを踏まえ、中央教育審議会による審議に加え、内閣主導による異例の「教育再生会議」が設置され、教育基本法の改正が図られた。

教育再生会議からは、いじめへの対応策について、新たな視点からの提言が出された。いじめた子への「出席停止措置」の活用や懲戒の行使などを盛り込み、教師が毅然とした態度で臨むことも強く求めるなど、処罰的な色彩を強めた提言である。

それは、加害責任という視点が弱かったことに対する反省でもある。教育現場のなかには、子ども中心主義の流れが強まるなかで、加害者指導を放置しているとも思える対応が見られた。「教育的指導中心主義」ともいえる風潮に振れすぎた振り子を、加害者指導の方向へシフトさせようとする動きでもあった。

なお、「出席停止措置」は、もともと一九八三年の学校教育法改正に盛り込まれていた。その後、暴力行為の増加を受けて、適切な運用を図るために「学校教育法の一部を改正する法律」として、二〇〇一年の第一五一回国会で成立している。しかし、手続きが煩雑《はんざつ》であること、対象とする児童・生徒の範囲が絞りがたいこと、停止期間中の指導態勢が容易ではないこと、学校の秩序を整えて円滑な受け入れを図るには停止期間が短いこと、などの問題が山積していた。そのため、停止措置は活用されておらず、教育現場からも実効性に疑問が呈されている。

教育再生会議の提言のなかで、今一つ注目すべきことは、いじめに直接関与した加害者だけでなく、周りの子どもたちについても言及し、「傍観者も加害者」と強調していることである。この点については既に、一九九五年の「いじめ緊急対策会議」の報告の「いじめの問題への対応に当たっての基本的認識」の冒頭の第一項で述べられている。「いじめをめぐっては、いじめる者といじめられる者の他に、それを傍観したり、はやし立てたりする者が存在するが、こういった行為も同様に許されないとの認識を持たせることが大切である」とし、周りの子どもたちに、学校という社会を構成する一員としての責任を自覚させる大切さを訴えている。

しかし、この報告以降、具体的な取り組みに欠けていたため、大きな変化が見られないまま「第三の波」を迎えるに至った。この間、いじめが事件化するたびに、多くの傍観者やはやし立てる子どもたちの目の前で、いじめを受ける子どもたちの悲惨な状況はデジャブのように再現され続けている。

心の問題から社会の問題へ

「第三の波」は、このように、いじめが社会問題となった二〇年前と変わらない状況で現れてきた。それにより、これまで具体化に欠けていた点や、全く異なった視点からの対策の必要性を改めて認識させる波となった。

その一つは、教育再生会議が着目したように、行為責任を加害者への懲戒に短絡させるのではなく、子どもたちが、社会を構成する一員として期待される行為責任を果たしうるよう教育することである。いいかえれば、「社会的責任能力」の育成に向けた指導の開発が必要なのである。近年のヨーロッパでは、「シティズンシップの育成」に重点を置くことで取り組んでいる教育課題であり、社会の課題でもある。

日本でも、近年、若者や子どもたちについて、内閣府、文部科学省、経済産業省などから、「社会性の育成」や「人間力の育成」が課題とされている。「社会的責任能力」はこれらの能力の根幹をなす要素である。

それは、人が社会や集団を営み、自己実現を図るために欠かせない資質であり、社会のなかで生きていくための基本的な力であり、「社会的なリテラシー」と呼ぶことのできる社会生活を送るうえでの不可欠な能力と資質である。

この「社会的責任能力」は、個人にのみ求められるものではない。現代社会では、企業の社会的責任が問われ、コンプライアンスが重要性を増してきている。いじめ問題は、現代社会の課題と地続きであり、社会のなかでの個人のあり方や、企業活動のあり方とも関わっている。

児童会・生徒会の活用

いじめ対策の具体的な局面に戻ろう。「第三の波」を経由し、いじめ対策に変化が現れてきている。たとえば、学校の児童会・生徒会活動に、いじめへの対策を組み込む動きが増加している。もともと児童会・生徒会は、いじめ問題に対処するためのものではない。自分たちの学習環境の充実を目的とする自治組織である。しかし、活動の一環としていじめ問題に取り組むことには、大きな意義がある。働きかける対象がいじめる側、いじめられる側のいずれであったとしても、学校という社会をともに構成する仲間を支援することは、支え合いの絆《きずな》（social bond）を形成させ、集団の連帯感を高めることにつながるからだ。

これは、アメリカやイギリスなどで展開されている「ピア・カウンセリング」の手法とも通じるところがある。なお、日本では、いじめ問題でピア・カウンセリングというと、「直接子どもたちが相談にあたることで、いじめを解決する手法」として、狭く解釈されることが多い。しかし、基本的な考え方は、子どもたちが自主的に活動し、支え合う仲間を作ることで、学校の雰囲気をまとまりのあるものへと変えることを目的とした、幅広い活動である。活動の対象もいじめだけでなく、障がい、学習の遅れ、戦争難民などさまざまである。

児童会・生徒会を活用するもう一つの意義は、いじめを当事者間だけでなく、学校社会にとっての問題として、子どもたちに捉え直させることにある。問題に直面している個人を助けることにとどまらず、自分たちの手で集団が直面する問題を見出し、それを解決することで、学校を楽しく過ごせる場にできる点に意義がある。「シティズンシップ」教育の一環としても有意義である。この場合、いじめ問題は対処すべき課題であるとともに、優れた学習教材にもなっている。

これまでの方策では、「いじめは人間として許せない行為」という考え方を、個々の内面に埋め込み、道徳観に訴えてきた。児童会・生徒会の活用は、「心づくり」から「社会づくり」へと対策をシフトさせるものである。つまり、個人の心の内面に歯止めを作るのではなく、社会や集団の力を増すことによって、集団のなかに歯止めを埋め込もうとする試みである。

学校の抱え込みからの脱却

「第三の波」を経過するなかで現れてきたもう一つの変化は、学校だけでなく、家庭、地域を含めた「生活総体」のなかで、問題を捉えようとする転換である。「第二の波」の終息期に現れてきた「心理主義化批判」に見られたように、いじめ問題を個人の心や学校のなかに閉じこめず、社会的な広がりのなかで解決すべきだとする流れでもある。

具体的に実現したのが、スクール・ソーシャル・ワーカーの導入である。スクール・カウンセラーが、心の相談体制の柱だとすれば、スクール・ソーシャル・ワーカーは、福祉の視点を学校へ導入し、子どもとその保護者の援助にあたり、学校生活と家族生活の基盤を結びつける方策として位置づけることができる。

もう一つ実現したのは、学校と関係機関との「行動連携」である。子どもの問題行動への取り組みにあたって、両者の連携のいっそうの推進と具体的なシステムづくりが重要であることは、繰り返し強調されてきた。しかし、いまだに連携が不十分であったと指摘される事例が跡を絶たない。また、今日の子どもたちの問題行動は、学校単独の生徒指導では対応しきれないものになっている。

問題行動の背景に、家庭の「養育力の低下」「脆弱《ぜいじゃく》な経済基盤」「家族関係の深刻な葛藤」「学校への不信感」などがある場合が少なくない。こうした事案では、子どもだけでなく、親への支援も必要な場合が多い。しかし、いくら子どもに関わることとはいえ、学校は家庭にまで介入する権限をもたず、福祉機関との連携が必要となる。あるいは、いじめが校外で行われ、卒業生や無職少年を含む非行集団が絡んでいる場合には、警察や地域住民との連携が不可欠となる。

そこで、文部科学省では、「学校と関係機関との行動連携に関する研究会」を立ち上げ、二〇〇四年三月に、これまでのような単なる情報交換にとどまらず、チームで子どもをサポートするべく、連携システムを具体的に示した提言をまとめた。これは同年から行動連携推進事業として実施されることとなった。「第三の波」を目前にしたタイミングであったが、今日のいじめ問題へも適用されている。

国の施策として、こうした連携が提唱されてきた効果は、いじめ問題にとどまらない。連携により、地域社会の教育力が再生され、官と民との協働による新たな「公共性」を再構築する可能性も開かれてこよう。そこで何よりも大切なことは、逸脱《いつだつ》行動へ走る子どもたちを、威嚇《いかく》や処罰によって抑え込むのではなく、社会のなかで自立し、参画していく主体へと育つよう支援することである。この方向性は「厳罰化」とは異なる社会的対応を生む可能性を秘めている。

学校教育は、子どもたちが学校にいる間だけ責任をもつものではない。子どもたちを社会へと送り出し、社会の参画主体としての成長を支援することによって、機能を全うするシステムである。問題を抱えた子どもたちと向き合い、その成長を支えていく人々や機関と協働して、社会的に自立させる仕組みを作ることは、学校教育の根幹に置かれるべき視点である。そのことは、地域社会のあり方としても不可欠である。

「子どもを地域で育てる」という言葉が使われ始めて久しい。これまでより一歩進めた行動連携の模索は、学校も関わりつつ、官民の協働による新たな社会モデルを構築するための試みでもある。

このように、日本のいじめ問題は、「第三の波」を経験し、個人の心構えへの対応から、徐々にではあるが、社会的な地平での取り組みへと移行する動きが現れてきている。

第3章　いじめとは何か

1　いじめの共通要素

いじめは、どの社会でも、どの時代にでも観察できる。この観察を可能にしているのは、たとえ用いられる言葉が違っていても、共通の要素が備わっているからである。研究上でも、今日ではおおむね同じ概念に統一され、ＯＥＣＤなどの国際機関や論文では、共通語として"bullying"があてられている。

しかし、一口に「いじめ」といっても、その現れ方はさまざまである。世代区分から捉えれば、「大人たちのいじめ」「子どもたちのいじめ」「大人と子どもの間で発生するいじめ」が含まれてこよう。大人のいじめを例にとれば、さらに「職場いじめ（パワー・ハラスメント）」「セクシャル・ハラスメント」「アカデミック・ハラスメント」「配偶者暴力（ドメスティック・バイオレンス）」「家族間暴力」などが含まれ、それぞれ固有の用語や性格をもち、「いじめ」という「類」概念の下位「種」を構成している。

しかし、日常用語では、同じ現象があるときは対教師暴力、あるときは教師いじめと呼ばれるなど、「類」概念と「種」概念の区別についての意識がないまま、用いられていることが多い。

なお、子どもたちのいじめが大きな社会問題となり、「いじめ」といえば「子どもたちのいじめ」を指すことが一般的になった。そのため、厳密な語法として確立しているわけではないが、「大人のいじめ」については、「パワー・ハラスメント」「セクシャル・ハラスメント」などのように、「いじめ」という言葉を用いないことが一般的である。

「いじめ」のような社会現象を定義する場合、いじめに含まれるすべての種類を枚挙《まいきょ》する方法は困難を極める。そのため、さまざまな様態のいじめに共通する性質を析出《せきしゅつ》することによって現象を説明する「内包的」定義法をとることになる。本書では、さまざまな国の子どもたちのいじめに着目し、そこから共通する性質を析出し、いじめの定義とする。

ところで、析出された共通の性質が、大人のいじめなど、他のいじめにも共通して観察されるとすれば、これらの性質をもって類概念としての「いじめ」の定義を構成することができよう。しかし、その検証は本書の主題を超えており、残された課題である。

各国における定義の変遷

今日では、さまざまな国で子どもたちのいじめ研究が行われている。いじめの定義づけの流れを概観してみると、第1章でも紹介した、ノルウェーのD・オルヴェウスを嚆矢《こうし》とする。彼のいじめ防止プログラムと、その基となった実態調査は、経済先進国のその後のいじめ研究と対策に大きな影響を与えたため、多くの国で彼の定義が踏襲されている。

オルヴェウスは、「ある生徒が、繰り返し、長期にわたって、一人または複数の生徒による拒否的行動にさらされている場合、その生徒はいじめられている」と定義している。

ここでいう「拒否的行動」とは、「ある生徒が他の生徒に意図的に攻撃を加えたり、加えようとしたり、怪我をさせたり、不安を与えたりすること、つまり基本的には攻撃的行動の定義に含意されているもの」として補足説明を加え、さらに「身体的または心理的に同程度の力をもった二人の生徒」の間で起きる拒否的行動は、いじめから排除されることを強調し、両者の力が不均衡であることを重要な定義要件としている(『いじめ—こうすれば防げる』)。

最も早くからオルヴェウスの研究に着目したのが、イギリスのP・K・スミスである。スミスとその共同研究者たちは、抽象的なオルヴェウスのいじめ防止プログラムの具体化を図り、いじめ対策プロジェクトを開発した。これが第1章でも既述したシェフィールド・プロジェクトである。

スミスらは、その後、ヨーロッパやオーストラリア、さらには中国、韓国などの国々と共同調査・比較調査を進め、シェフィールド・プロジェクトの有効性について検討していった。こうして、各国のいじめの概念は、オルヴェウスとスミスの影響下で構成されることとなった。

一方、日本は社会問題化が早かったこともあって、概念化も先行していた。しかし、既述のように、海外の情報が入り始める九〇年代半ばまで、いじめは特殊日本的な現象と見なされてきた。日本の八〇年代のいじめ研究は、鎖国状態にあったのだ。そのため、この時代の研究や対策が、海外に発信されることもなく、逆に海外の研究や対策を引用することもなかった。それは、八〇年代に、まだイギリスでは社会問題化しておらず、研究や対策の中心がスカンジナビア圏に集中していたことも影響していたと思われる。このようにして、日本は、独立して研究や対策を進めることとなり、その基礎となる概念構成も独立して行われた。

しかし、日本と海外は相互の影響のないまま概念構成を進めてきたにもかかわらず、基本的な要素は同じものとなっている。

日本の八〇年代の研究が、いじめの発生原因を、「受験戦争のストレス」「島国根性」「仲間集団の閉鎖性」「横並び指向」などに見出していたことはたしかである。しかし、いじめが文化・社会を超えて遍く観察されることを考慮すれば、一見、特定の文化や社会に固有に見えても、そのメカニズムは人間社会に遍く観察されるものでなければならない。

当時の発生原因とされていた、上記の日本人の行動や意識の背後には、「社会的な競争」「欲求不満」「ストレス」「集団へのロイヤリティや凝集性《ぎょうしゅうせい》への圧力」「関係の囲い込み」「異質性の排除」など、人間社会に普遍的に観察されるメカニズムが横たわっている。原因が特殊日本的に見えるのは、それらのメカニズムが日本の社会状況と結びついて発現したからに過ぎない。

このように、人間社会に遍在するいじめを考え、対処するには、まず社会や文化、時代の多様性を超え、いじめを生み出す共通の要素を抽出することが必要な作業となる。

三つの要素

世界のいじめ研究と概念定義に大きな影響を与えたオルヴェウスやスミスの系譜に属する研究と、日本の研究者や行政による定義を通覧してみると、そこには、いじめの概念を構成する共通の要素が想定されていることが分かる。

ここでは、一つ一つの研究を比較し分析することは避けるが、多くの研究が着目しているのは、「力関係のアンバランスとその乱用」「被害性の存在」「継続性ないしは反復性」の三つの要素である。

これらの要素は文部省（現文部科学省）による、いじめがあったかどうかを判断する基準でも共通して用いられている。同省では、いじめを「①自分より弱いものに対して一方的に、②身体的・心理的な攻撃を継続的に加え、③相手が深刻な苦痛を感じていること」としている。

2　力関係のアンバランスとその乱用

三要素のなかでも「力関係のアンバランスとその乱用」は、いじめの本質を規定する基本的かつ不可欠な要素である。そのため、森田の一九八五年の定義では、同一集団内の相互作用の過程で発生する「優位―劣位《れつい》関係」に着目し、定義のなかに盛り込んでいる。また、オルヴェウスは、前出の著書で、「いじめという言葉を使うためには、非対称的な力関係がなければならない」と位置づけている。スミスは、単に力のアンバランスの存在にとどめず、さらに踏み込んで、「パワーの乱用が組織的、つまり繰り返し意図的に行われるなら、その行為はいじめと呼ぶにふさわしい」と述べ、「力の乱用」を不可欠な構成要素と位置づけている。

ここでいう力（パワー）とは、社会心理学や社会学の考え方に則って、「他者に対する影響力」と広く捉えている。私たちの人間関係を眺めると、いろいろなところに、さまざまな形で、力関係が入り込んでいることが分かる。能力の違い、経験や知識の差、人気度、集団内の役割の差、社会階層の違いなど、力の落差がさまざまに存在する。

力の関係の秤が釣り合っていれば、「対称的な関係」もしくは「バランスのとれた関係」

にあるという。秤がどちらかに傾いていれば、「非対称的な関係」といい、「力のアンバランスがある」という。

力のアンバランスが存在すること自体は、異常なことでも問題のある事態でもない。しかし、それが乱用されれば、他者への攻撃やハラスメント、虐待へと転化する。

本章の冒頭で述べた「類」概念としての「いじめ」を定義づける場合には、力関係のアンバランスの乱用は、必須の構成要件となろう。パワー・ハラスメントは、職場の上司と部下など、組織に組み込まれた力関係の乱用によって発生する。セクシャル・ハラスメントは、ジェンダー間で生じる力関係の乱用である。教育・研究の場をめぐって教員と学生間に生じる力の乱用はアカハラ（アカデミック・ハラスメントの略）と呼ばれている。医者と患者の間で起これば、ドクター・ハラスメント、ドクハラと呼ばれる。児童虐待は、保護する側と保護される子どもとの関係で発生する力の乱用から起きる。ドメスティック・バイオレンスは夫婦間の力の乱用による暴力から生まれる。

大人社会に比べて、子ども社会は制度や組織の構造が未分化で、曖昧なところが多く、上級生―下級生のような関係も、職場の指揮命令系統から生じる制度的な力関係とは大きく異なる。そのため、自ずと生徒文化のなかのインフォーマルな秩序に基づく「力のアンバランスと乱用」が中心となる。子ども社会のいじめにも、パワー・ハラスメントやセクシャル・

ハラスメントと同じ現象が観察されるが、これらもいじめに含めて考えられている。

遍在するが、止めることはできる

「いじめ」という言葉は、日常用語としても広がりがあり、人間関係に限らない。中小企業いじめ、発展途上国いじめ、庶民いじめなどのように、集団や組織、国家間で発生する力の乱用にも用いることができる。それは、日本語でも英米語圏でも同じである。人間社会の力の磁場に潜む問題と常にリンクするものとして、私たちがいじめを認識しているからである。力関係のアンバランスは、このように広く観察される現象であり、人間関係があり、集団や組織の関係があれば、避けることができない。むしろ力関係のアンバランスがあるからこそ、私たちは関係を結び、集団や組織を作って運営できるといっても過言ではない。

社会のなかで役割を割り当てる、リーダーシップを発揮する、資源を分配する、秩序を維持する、管理・運営する、教育や社会化を行う——これらは、社会や集団にとってなくてはならない社会の営みである。これらのすべてが、アンバランスな力関係を基盤として成り立っている。

アンバランスな力関係は、良い方向にも悪い方向にも働く。いじめが古今東西を問わずどこにでもあり、いつでも、誰にでも、起きる可能性がある所以である。しかし、いじめが遍在するとしても、それは潜在的な可能性に過ぎず、必然的に生まれるわけではない。ある種の社会問題の根底には、人間であるがゆえに、あるいは集団を営むがゆえの問題を潜在的に含んでいることがある。いじめの場合、人間社会の力の磁場から派生する問題であるだけに、その歯止めを人間社会にいかにして埋め込むかが課題となる。力関係にアンバランスのできない社会はない。しかし、力の乱用に歯止めを打ち、いじめを止める社会は作ることができる。

流動性という特質

いじめが力関係の乱用によって起きるとすれば、いじめの基本的な性質にも、そのことが反映する。そのため、私たちがいじめを理解し、対応するには、力の乱用に規定された基本的な性質を抑えることが必要となる。以下、要点をまとめておく。

①いじめは不可避な現象ではない　このことは、いじめの基本的な性質として、まず抑えておかなければならない。私たちがいじめ問題に取り組むのは、対人関係や集団の社会的な営みに絡んで現れる被害を避けるためであり、もし発生したとしても、被害を最小限に食い止めるためである。

②いじめは関係性の病理である　いじめは、人間性の深奥に潜む業のようなものではなく、社

会の力関係に宿る病理である。能力が低くても、時と所を変えれば高くなることもある。あるいは同じ人間同士の関係であっても、状況によってバランスが変化する。

いじめが社会問題化した当初は、いじめる側といじめられる側の性格の研究が、中心的なテーマの一つであった。滝充は、当時の研究者が「いじめる子といじめられる子の性格」として挙げている特性や、教育委員会などの手引きに現れる性格特性をリストアップし、性格特性ごとに、いじめる子どもといじめられる子どもの出現率を調べた結果、いじめは特定の性格に付随して発生するものではないことを明らかにしている。

また、しばしば「弱い者いじめ」という表現がされる。しかし、いつも力の弱い者がいじめられるわけではなく、強い者が強いゆえに標的にされることもある。まじめで一本気な性格の子どもがいたとしよう。その子は、その性格ゆえに集団や仲間の信頼を得ることもあろう。しかし、集団の成果を上げることに熱心なあまり、集団の足を引っ張る人を集中的に攻撃し、「いじめる側」になることもありうる。一方で、メンバーから浮き上がって仲間はずしのターゲット、つまり「いじめられる側」になる可能性もある。

このように、いじめは状況依存的な性格をもっている。集団における役割の上位―下位の関係に固定したものではなく、また、その人物の個人的な特性に固定して起きるものでもない。

③いじめる側といじめられる側の関係は固定的ではなく、立場が入れ替わることもある　前記のように、力のバランスは流動的である。いじめる側にいた子どもがいじめられる側に置かれることもあれば、その逆もある。それは同一の関係で起きることもあれば、相手を異にして起きることもある。

しかし、常に入れ替わるものでもない。「いじめるか、いじめないか」「いじめられるか、いじめられないか」は、人によって、状況によって、選択可能なものである。そこに、教育をはじめとした、子どもへの働きかけが効果を発揮する余地がある。

④いじめは、相手を弱い立場に置いて被害を与える　上記の②ならびに③で挙げた特質は、必然的にこの④の性質をいじめに持ち込む。これまでのいじめ研究では、子どものいじめられやすさを「脆弱性」(vulnerability)として捉えてきた。これらの研究では、脆弱性は個人の特性であり、いじめが生み出される要因と見なす傾向が強かった。

たしかに個人が抱えている「脆弱さ」は、いじめ被害と無関係ではない。しかし、現実のいじめを力関係から捉え直してみると、いじめが生み出される前提に脆弱性があるというのではなく、相互作用のなかで、相手の脆弱性が生み出され、そして優位に立つ側の力が乱用されると捉えたほうが、事実に即している。いじめとは相手に脆弱性を見出し、それを利用する、あるいは、脆弱性を作り出していく過程である。

たとえば、成績の良い子どもに対する妬《ねた》みが学級のなかに広がっていた場合でも、彼へのいじめが「学習の場面で」起きることは稀である。なぜなら、彼は学習の場面では優位に立っているからである。しかし、班活動のグループが放課後に自主活動をしていたとき、彼が塾に間に合うために帰宅でもすれば、たちまち「成績を上げることなら手段を選ばない人間だ」などと誹謗中傷が口伝えに、あるいはインターネットで飛び交い、仲間はずしが始まる。いじめる側は班グループへのロイヤリティに訴えて倫理的正当性を作り出し、この力を乱用することによって相手の学習場面での優位性を切り崩し、正義の旗印の下に多数の支持を取り付け、相手を孤立させ、弱い立場に追い込んでいく。いじめられる側は、「自分にも悪いところがある」と思わせられながら、いじめを甘受する立場に立たされていく。

以上、いじめには、個人の属性に固定しない流動的な性質があることを示してきた。しかし、現実には、特定の子どもに被害が集中し、固定化している。むしろ、深刻ないじめ被害は、この被害の固定化によってもたらされる。

それは、流動性や状況依存性といったいじめの特質と矛盾するものではない。固定化が起きるのは、力のバランスが一方に傾いたままの状態が続き、そこに力が乱用され続けているからである。周りの子どもたちや教師による歯止めは、固定化し一方に偏った力のバランスに均衡を取り戻す働きをもっている。この働きかけができるのは、力の関係が流動的で状況に依存するからであり、この力関係に基づくいじめもこの性質を備えているからである。

力の資源

相手に影響を与えたり、思い通りに従わせたりするには、裏打ちする資源が必要となる。正当な力の行使であっても、いじめのような乱用であっても同じことである。資源は力に実効性をもたせる源泉である。

したがって、アンバランスな力関係は、資源の間に優劣の関係が生じたものと捉えることができる。すなわち、いじめとは、相手に対して優位な資源を動員して、そこに生じる優勢な力を乱用することと考えられる。

このように考えると、いじめに対応する場合にも、一歩踏み込み、子どもたちの日常生活の力関係に着目し、背後に潜むパワー資源を探し出し、そこに働きかけていくことがポイントとして浮かび上がってくる。パワー資源を操作することによって、いじめる側の優位性の基盤を弱め、あるいは、いじめられている子どもの劣位性の基盤を強化して、歯止めをかけられるからである。

いじめの場面で作用するパワー資源には、さまざまなものがある。以下に三つ挙げる。

①身体的な資質・能力の優位性　腕力や体軀《たいく》の強靭《きょうじん》さ、敏捷《びんしょう》な運動神経などは、いじめのパワ

ー資源になりうるし、暴力の資源ともなる。しかも、実際に乱用されなくても、その資源を備えているだけで、相手に脅威を与える。

②他者からのレファレンス（準拠《じゅんきょ》 reference）　「準拠的個人（reference individual）」とは、社会学者のマートンが用いた言葉である。彼によれば、その人の価値や態度を内面化することによって、自分自身の価値や態度の形成に影響を与えるような他者を意味している。具体的には、自分が信頼や好意を寄せる対象であり、ときには自分の手本ともなるような他者のことである。クラスや仲間内の人気もレファレンス資源の一つである。いじめは、これらのレファレンスにつけ込んで、暴力をふるったり、無理難題を押しつけたりすることによって発生する。

それは、親から深刻な虐待を受けていても離れることを拒《こば》む子どもたちや、虐待の事実を教師に明かさない子どもたちにも共通する心性であり、夫婦間のドメスティック・バイオレンスも愛情の共同体なるがゆえである。暴力をふるうほうは愛情や好意につけ込み、受けるほうはそれに縛られる。いじめは、相手を逃げられないように囲い込む性質がある。レファレンスは、その軛《くびき》の一つであり、囲い込みという檻《おり》を張り巡らす関係資源でもある。

③エキスパート性　これも対人関係では重要な資源になる。豊かな経験、豊富な知識、高い技術や技能などは、他者に対する影響力を強め、集団のなかで優位性を高める資源となる。

地位や職位、役割などは、力関係のアンバランスが社会構造のなかに埋め込まれているパワー資源であり、優位な側がその優位性を発揮することを制度として認めている。既述のように、大人社会の職場のパワー・ハラスメントは、権限や裁量、あるいはこれと関連して行使される賞罰のコントロール能力というパワー資源の乱用によって発生する。

しかし、子どもの場合、学校や仲間関係のなかでの地位の差による力のアンバランスは、さほど多くない。先輩・後輩、部活動や班活動などのリーダーには、それなりの権限が与えられているので、いじめを引き起こす原因とはなるが、大人社会に比べれば、力の優劣は少ない。

資源としてのインターネット

パワー資源には、このほかにもさまざまなものがある。なかでも、携帯やパソコンのメール、ブログ、プロフ、チャットなど、インターネットの乱用によるいじめ、誹謗中傷は、社会全体として取り組むべき喫緊の課題となっている。

従来のいじめ論では、インターネットをいじめの手段として位置づけてきた。しかし、インターネットは、単なる手段にとどまらず、その特性が現実の人間関係にはないパワー資源を与えることがある。

たとえば、情報の発信者が特定されにくいという特性である。これにより、いじめる側の姿も、いじめられる側との現実の人間関係も、見えなくすることができる。現実の人間関係では、何の力の資源ももたず弱い立場にあったとしても、インターネットを使うことによって、現実の力関係を覆《くつがえ》し、優位に立つことができる。インターネットを悪用すれば、現実の世界でいじめられている子どもでも、いじめる側に立つことができようし、復讐《ふくしゅう》も可能である。

インターネットが、このように強力なパワー資源となるのは、その情報が広範囲の不特定多数に、瞬時にして広がる特性をもっているからである。インターネットへの書き込みは、直接の人間関係がない人でも見ることができ、どれだけの人が見たのかを確認することが不可能である。その被害は予想以上に広がっている場合があり、被害者の不安も大きい。ロコミや落書きでは考えられないことである。

また、インターネットは時間と場所を選ばない。言葉や行動によるいじめでは、いじめる側と距離を置くことで一時的に被害を回避できるが、携帯メールやインターネットへの書き込みは、いつでも、どこでも、切れ目なく飛び込んでくるため、被害を回避できない状況に相手を追い込む。

今後インターネットは、ますます進化することが考えられる。この問題については、インターネットの特性を踏まえ、課題を明確にしたうえで対応する必要がある。

大人の言動の影響

今一つ注意しておかなければならないのは、子どもたちが自分たちの世界の外にある資源を取り込んで、いじめが行われることである。その一つは、教師の言動である。教師が特定の子どもを笑いものにしたり、貶《おとし》めることが、いじめの糸口となったり、いじめている子どもたちに正当性を与えることは、しばしば見られる。

また、大人の言動にも無関心であってはならない。ここでいう大人とは、子どもたちと直接の関係にある人々だけでなく、マスメディアから発信される情報も含めて考えておく必要がある。いじめる側を優位に立たせる力の源泉に、大人社会の「排除の構造」や「差別と偏見のまなざし」が混じり込んでいることもあるからである。「同和」「民族」「障がい」「親の離婚、ひとり親家族」「貧困」「路上生活」などへのまなざしが子どもたちの世界に持ち込まれ、いじめとなって現れる例は少なくない。

いじめは人権に関わる問題といわれる。それは、いじめられた子どもたちが人格を踏みにじられることだけを意味するものではない。自分たちの力では抗《あらが》うことのできない大人社会のまなざしによって、子どもの人格が踏みにじられているという事実も見逃してはならない。

3　いじめを定義する

被害性

さまざまな社会や時代を通じて観察されるいじめの共通要素を求めようとする本章の主題は、どのような要素が揃っていれば、そこにいじめが起きているといえるのかを考えることでもある。

いじめという現象は、いじめる子がいて、いじめられる子がいることで成り立っている。つまり、加害行為があって被害が発生しているわけで、何も大袈裟《おおげさ》に「現象の基本要素」だの「定義の構成要件」だのと小むずかしく言い立てるほどのことでもないように見える。

しかし、現実にいじめに対応する場合、まずは目の前に起きている現象をいじめだと判断することから始まる。そのとき、加害行為と被害の発生がともに揃っていなければならないのか、あるいは加害行為をもっていじめと判断するのか、それとも被害が生じていることだけで良いのかは、事実認定の幅に関わってくる。狭くとれば、いじめが起きているのにいじめではないと見なされ、放置されるケースが発生してくる。広くとりすぎれば、いじめでないものまでもが、いじめとして扱われる。

結論からいえば、いじめの場合、被害を受けた人間の被害感に事実認定の基盤を置いている。それは、何よりも、いじめが心に傷を負わせる行為であり、被害は被害者の内面に起きているため、他の人間が外から判断することは容易ではないからである。セクシャル・ハラスメントやパワー・ハラスメントなども、まずは被害の発生を第一義的な要件として、事実かどうかの確認作業に取りかかるのは、そのためである。

もしも、いじめがあったかどうかの判断を加害行為の存在に求めるとすれば、加害者が気づいていないいじめを掬《すく》い取ることはできなくなる。あるいは、意識している場合でも、いじめていることを認めなかったり、遊びと称して事態をすり替えたり、人目につかないところで行われたりするなど、加害性を立証することは容易ではない。これも、被害に基盤を置くことの理由の一つである。

今日では、司法を除き、教育行政でも、研究の分野でも、事実性の基盤を被害者の内面の主観に置く考え方をとっている。このことは、海外においても同様である。

文部科学省のいじめがあったかどうかの判断基準(二〇〇六年度改正)では、その判断を「いじめられた児童生徒の立場に立って行う」こととし、そのうえで、いじめを「心理的・物理的な攻撃を受けたことにより、精神的な苦痛を感じているもの」と定義づけている。森田の定義(一九八五)でも、相手に対して「精神的・身体的苦痛をあたえること」としている。精神的な苦痛を基盤とするため、「身体的」苦痛の前に置いて定義づけている。

いじめと喧嘩《けんか》の違いを考えてみよう。ともに、殴《なぐ》る蹴るの暴力によって怪我をすることもある。しかし、喧嘩であれば、怪我が治れば身体的な苦痛は治まる。これに対して、いじめは、身体的な苦痛と同時に、精神的なダメージも受ける。このダメージは、身体的な痛みが治まった後でも残ることが多く、深刻ないじめの場合ではトラウマにまで発展する。

「傷は内面・傷痕《きずあと》も内面」という基本認識と対応のあり方は、いじめでは大切な視点である。

内面の傷を回復させるために

いじめ問題をどう解決するか。一つは、いじめられている子どもを被害から救いだし、再び被害に遭わないようにすることである。

しかし、いじめによる被害が内面にあるという性質と、子どもの成長・発達という観点に立って考えると、これだけでは十分ではない。内面の傷痕を回復させ、いじめを受けた子どもの成長に障害となっている事態を取り除くことが必要である。表面上のトラブルが解決したことをもって、「いじめの終結」と見なすべきではない。子どもの内面についた傷痕の修復に至らなければ、いじめ問題の真の解決が図られたとはいえない。

各種の調査や事例報告によれば、いじめを受けた子どもたちの多くは、自己嫌悪や自尊感情の喪失、あるいは自己否定感に陥る傾向が強い。再被害への防衛も加わって、対人関係への積極性が失われるケースも多い。また、集中力の低下や学習意欲の減退から不登校へと問題が進んでいくケースも少なくない。なかには、人間不信や社会不安、深刻な精神的苦痛による情緒不安定や心身症などの精神的疾患や、トラウマなどに陥る深刻なケースも現れてくる。卒業後もこうした心の傷を背負って人生を歩いていく人たちもいる。いじめられた子どもたちのすべてが、このような状況に陥るわけではない。しかし、こうした状況から脱却していくための支援も大切なことである。

内面についた傷が癒されない場合の、最も深刻な悲劇が、自らのいのちを絶つという行為である。いじめによって自殺にまで追い詰められた事件が発生すると、学校教育の場では「いのちの大切さ」を教えるプログラムが実施される。しかし、そのプログラムを見ると、多くの場合、生物学的な「いのち」を想定しているようである。しかし、いじめによって失われるものは生物体としての生命だけではない。

自己の尊厳や自己肯定感、あるいは自己実現を図っていく「人間存在」としてのいのちも失われていく。仲間集団とのつながりに生きている証を感じ、自分がこの世に存在し、生きているということが何かの役に立っているという社会的な有用感など、「社会的存在」としてのいのちも萎えさせてしまうのが、いじめである。

いじめられた子どもたちは、亡くなった鹿川君が遺書に書き留めたように「生き地獄」を生きていることも少なくない。それは、いじめの被害が、身体的な苦痛にとどまらず、ヒトとしての存在にまで及び、社会的な死をもたらすからである。

反復性・継続性

いじめを受けた子どもと保護者が学校に被害を訴えても、「継続性が確認できないので、いじめにあたらない」とされる、という指摘は以前からあった。文部科学省の従前の基準では「身体的・心理的な攻撃を継続的に加え」ていることが、いじめにあたるかどうかの判断基準とされていたためである。

繰り返し、継続的に被害を受けているかどうかを判断基準とする考え方は、海外のいじめ研究でも見られる。スミスは、「パワーの乱用が組織的、つまり繰り返し意図的に行われるなら、その行為はいじめと呼ぶにふさわしい」と述べ、「反復性」をいじめの基本的な要素と見なしている。また、オルヴェウスは、「ある生徒が、繰り返し、長期にわたって」いじめを受けている状況にあることを定義の構成要件としている。彼の場合は、「反復性」と「継続性」をともに要件とし、スミスよりもこの要素に重きを置いている。日本の警察庁や研究者の多くも、これらの先行研究にならって、反復性や継続性を基本的な構成要素とする立場をとっている。

しかし、オルヴェウスも認めているように、「たった一回のひどいいやがらせでも、状況次第ではいじめと見なすこともある」。パワー・ハラスメントにおいても、継続性や反復性を構成要件とすることが一般的であるが、一回であっても、それが重大な人権侵害にあたるとすれば、パワー・ハラスメントと呼びうる。

定義には、現象のすべてをカバーし、そこから漏れる事例がないようにすることが求められる。そのため、森田の定義ではこの要素を定義の構成要件から除外し、いじめにあたるか否かの判断を、いじめを受けたとする当人の判断に委ねている。また、文部科学省でも、二〇〇六年度調査を実施するにあたって、従来の基準を改正し、いじめの有無を判断するにあたっては、「表面的・形式的に行うことなく、いじめを受けた児童生徒の立場に立って」行うことを強調し、従前の基準から継続性を削除している。

集団や関係の囲い込み

いじめは相手を逃れられない立場に囲い込み、追い込むことによって最大限の効果を発揮することは既に見た。囲い込む檻や柵《さく》の役割を果たすものは、大枠としての教育であり、それを具体化している学校や学級という空間であり、保護者や本人をも含めた周りの人々や社会からの、教育を受けることに対する期待である。義務教育制度が悪いわけではないが、いじめにさらされ追い詰められた子どもにとって、義務教育は桎梏《しっこく》の軛となる。

もし、いじめが学校以外の場や人間関係で起きていれば、教育は逃れられない檻でも柵でもない。しかし、現実には、子どもたちのいじめのほとんどは、学校と学校における人間関係で発生している。

私たちが一九九七年に、全国の国公立の小学五年生から中学三年生、六九〇六人に実施した標本調査によれば、いじめた子の八割は同じクラスの子であった。これは、いじめられた子どもたちに尋ねた結果である。クラスは違うが同じ学年という子も多い（二四％）。また、いじめられる場所は、教室が圧倒的に多く（七五％）、次いで廊下や階段の下（三〇％）となっている（複数回答を求めているので合計は一〇〇％を超える）。

また、この調査によると、いじめのほとんどが校内を舞台としており、学校外は七％に過ぎない。学校外といっても、ほとんどが登下校の途中であり、いじめは学校を舞台にして起きていると考えてよい。

このように、いじめは学校という枠のなかで発生し、その多くが学級という柵のなかで行われている。たしかに、欠席や不登校という手段をとることによって緊急避難することができるし、登校するとしても、自分で防衛するか、友達や教師に助けを求めることもできよう。

しかし、それらが叶《かな》わなければ、ひたすら耐えるしかない。いじめがエスカレートするほど、いじめられている子は気にしないふりをしたり、我慢したりすることが多くなる。そのとき、学校や学級は、逃れられない檻となっている。

文部科学省は、学校現場に配布している資料のなかで、場合によっては転校措置やクラス替えを行うことを求めている。対応を講じてもいじめが止まらないときは、いじめる子どもとの関係を一時的に断ち切ることも視野に入れなければならない。檻や柵に緊急の非難口を開けるのである。

親密な関係から生まれるいじめ

囲い込みは、学校や学級という空間だけでなく、親密性という関係性によっても起きる。私たちの調査から、興味深いデータを紹介しよう。いじめた子には同級生やクラス仲間が多いとしても、関係の質はさまざまである。図3－1は、いじめた子がどの程度親しいかを尋ねた結果である。

一般的に、いじめを行うのは、疎遠《そえん》な間柄や日頃から仲の悪い子どもたち同士で起きると考えがちである。しかし、実態は逆で、「よく遊ぶ友達」の間でいじめが起きているケースが最も多く、次に多いのは「ときどき話す友達」であった。この両者を合わせると八割に達

図3-1　いじめる子といじめられる子の親密度

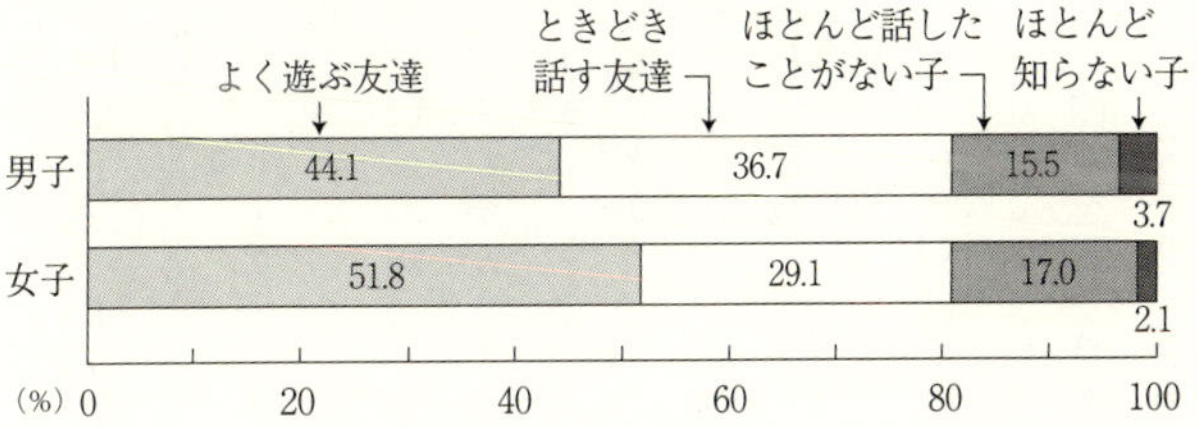

する。いじめた子といじめを受けた子との関係は、少なくともいじめが行われる前は、きわめて親密か、普通の付き合いができる関係であったことが分かる。

自殺に追い込まれたケースでも、教師から仲良しグループに見えていたため、「まさかいじめが起きているなんて考えられなかった」という驚きが表明されるケースがある。この図は、私たちの思いこみの危うさを示している。

なお、この図は性別に分けて集計している。いじめた相手が、よく遊ぶ友達であるケースは、男子よりも女子に多い。一方、ときどき話をする相手からいじめられるケースは、男子に多い。女子の場合は、いじめた子が、より親しい関係にあることが分かる。仲間はずしが女子に多いこととも関連している。

いじめにおいて、相手を弱い立場に立たせ、「逃れられないようにして」おく最も効果の高い方法は、集団や関係性のなかに囲い込むことである。完全に集団から外れてしまった子どもに、仲間外しは効果がない。まだつながっていたいと思っていたり、外れる不安感に襲われたりしているときに、攻撃力は高まる。

学校や学級のような「組織」を逃れることは容易でないが、友人関係は逃れようとすれば逃れられると考えがちである。事実、深刻ないじめに遭っている子どもに、教師やカウンセラーが、いじめる子どもたちとの関係を絶って、別のグループの子どもたちと付き合うよう勧めることがある。しかし、それでも依然として関係を切ろうとしない場合が少なくない。たとえいじめがあろうとも、親密な友達関係は、彼らの居場所であり、それなりに充足感を与えてくれるからである。

いじめは、家族のなかで行われるドメスティック・バイオレンスや児童虐待に比べれば、逃れることが容易かもしれない。しかし、家族に愛情という名の呪縛があるのと同じように、学校や学級には、居場所と自己実現という名の足かせがあり、逃れることは難しい。

いじめられた子が、教師や保護者に知らせないことが多いのは、大人が入り込むことによって仕返しをされたり、いじめがエスカレートしたりすることを恐れるためだといわれている。しかし実際にはそれだけでなく、子どもたちの親密な関係のなかに大人が入り込むことによって、これまでの関係が壊され、居場所がなくなってしまう恐れや、孤立への不安感、さらに仲間を売り渡すことになるという背信感も大きい。

なお、囲い込みを考えるとき、いじめる側といじめられる側との関係に組み込まれている

「力のアンバランス」も忘れてはならない。力による囲い込みである。いじめにさらされている子どもは無力であり、自分を守ることは容易でない。私たちの調査でも、いじめられている子どもは服従してしまう傾向が強い。また、深刻ないじめに遭って、関係から抜け出そうとする場合、いじめる側が力の行使によって関係をつなぎ止め、いじめをエスカレートさせることも少なくない。日頃の子どもたちの関係の取り方についても織り込むことが大切である。

本章は、各国のいじめに共通する性格を抽出することが目的であった。そのことに照らせば、「囲い込み」は不可欠な共通要素ではない。しかし、教育という制度とも関連しているだけに、無視できない重みがあり、いじめによる悲劇の温床《おんしょう》ともなる。

日本社会は、囲い込みが比較的強い社会といわれてきた。たしかに、現代の日本社会では、個人と集団、あるいは人と人との関係が大きく変化し、個人化の様相を強めている。しかし、いくら変化が起きているとはいえ、人は孤独を生きるほど逞しくはない。二匹のヤマアラシが寄り添いたくて近づくと、お互いの針で傷つけ合う。離れれば、再び求めて近寄ろうとする。「ヤマアラシのジレンマ」は、現代人の関係の一側面を言い表している。

いじめられても、仲間でいることに意味を見出さざるをえない人間の弱みにつけ込んで、いじめはより陰湿となり、子どもを追い詰めていく。告発することもできない。それでも子どもたちは生活の大部分を占める学校とその人間模様から逃れられない。それは、いじめる子どもたちが意図した囲い込みではなく、人が人と結びついていく営みに影のようにつきまとう性質なのかもしれない。

森田による定義

一般に、研究の世界において、何らかの現象を定義づける場合、学術的意義や、用語上の厳密さ、そのカバーできる範囲などが検討される。しかし、いじめの場合、現実に目の前で起きている現象がいじめであると判断できなければ、その定義には意味がない。定義から漏れてしまった場合に、学校や周りの子どもたちから何の助けも得られなくなってしまうからである。

しかし、いくら実践的な要請に応えることが優先されるからといって、正確さが軽視されるべきではない。定義のカバーする範囲が狭いために、定義から漏れる問題への対応が放置されれば、被害を拡大しかねない。また、定義の曖昧さが増せば、適切な措置を講じることもできなくなってしまう。

そこで、森田はいじめを次のように規定している。

「いじめとは、同一集団内の相互作用過程において優位に立つ一方が、意識的に、あるいは集合的に他方に対して精神的・身体的苦痛をあたえることである」（森田：一九八五、一九八六）

この定義では、いじめを「加害―被害関係が生じる行為」として位置づけている。これまでも指摘してきたように、いじめがあったかどうかという事実認定にあたって、いじめられた子どもの被害感情に基礎を置くことが強調されている。しかし、第2章で述べたように、加害側の行為責任を明確にすることも大切である。そこで、この定義では、いじめを受けた子どもの被害感を組み込みつつも、その被害感情は、いじめた側の加害行動によるものと位置づけている。定義文では「苦痛」という被害感情と、「あたえること」という加害行動に関する表現とを用いている。

定義をより明確にするために、冒頭の表現から順次、補足説明を加えていく。

「同一集団内の相互作用過程」は、本書では、学校を中心とした子どもたちの集団とその人間関係に限定している。もちろん、大人集団のいじめもあれば、大人と子どもとの関係で起きるいじめもある。海外では「学校でのいじめ」という場合、教師―児童・生徒間のいじめも含んでいる。しかし、ここでは、文部科学省の基準との整合性を図り、子どもたちの人間関係に限定している。

なお、「同一集団内」という表現には、学校教育という制度的な枠組みとしての学校社会も含意されている。さらに、この表現は、人間関係や集団からの囲い込みが起きる可能性を示唆《しさ》するものであり、いじめには、逃れられない立場に相手を置いて進行する性質があることも、含意している。

「優位に立つ一方が……他方に対して」という表現は、パワーバランスの不均衡に乗じて、いじめが発生することを示している。各国のいじめに共通する性質のなかで掲げた「力のアンバランスとその乱用」に対応する。これにより、同程度の力をもった喧嘩や口論、いさかいなどと区別される。

また、「意識的に」という表現を用いるならば、「無意識に」という言葉がふさわしいとする意見もあろう。しかし、ここでは敢えて「集合的に」という語を用いている。それは、個々人が「無意識」であったとしても、人々が集まることによって、社会心理学でいう「群集行動」にも似た状況が作り出される場合があることを示しているからである。たとえば、自分も被害に遭うのではないかという不安感から付和雷同していじめる側にまわる場合や、遊びが昂《こう》じてみんなでいじめてしまう場合、あるいは相手への苛立ちが場の雰囲気を支配して、いじめとなって現れる場合などである。

周知のように、その人の日常の行動がどれだけ理性的であっても、群集心理はその場の雰囲気に流されてしまう。集団で寄ってたかっていじめるケースが、欧米に比べて多い日本社会では、軽視できない要因である。

また、個々のメンバーが共同体の運営に無関心なため、集団にアノミー（無秩序）状態を招き、いじめのような逸脱行動を生み出す温床となる場合がある。傍観者が支配的な集団は、単なる「群れ」に堕《だ》してしまう。いじめに対して、どのメンバーからも抑止力がかからず、被害がエスカレートして継続する状況は、その典型である。

「精神的・身体的苦痛」については、精神的苦痛を前に置き、次いで身体的な苦痛を論理的な必要性から併記している。いじめの場合、精神的な被害が被害感情の基盤をなしていることを含意している。

4　いじめの見えにくさ

見え方のズレ

いじめは見えにくいといわれるが、実際には、誰が見ても明らかにいじめと判断できるものもある。しかし、いじめられている側は明らかに感じていても、いじめる側は認識していないこともある。あるいは、いじめる側もいじめられる側も、いじめと見なしていても、教師がいじめではないと判断して取り合わないこともある。

いじめでは、このように被害者側とそれ以外の者による認識にズレが生じるケースが少なくない。その最大の要因は、いじめがあったかどうかを判断する基準が被害者の心のなかにあり、傷も心のなかに残るという性質によっている。

もちろん、いじめられた側が誰かに被害を訴えれば、見えにくさを解消するきっかけとなるだろう。しかし、いじめられた子どもは、被害を訴えないことが多い。また、仮に訴えたとしても、相手がそれをいじめだと思ってくれないこともある。

本人からの訴えがなくても、周りで見ている者がいじめだと気づければ、被害を防ぐこともできよう。しかし、いじめられた子どもがとる反応は、通常、周りで見ていても分からないことが多い。なぜなら、いじめに抵抗すれば、いじめる側にとって面白さも増しかねない。抵抗してくる相手に対してより優勢な力を発揮しようとして、いじめをいっそう加速させてしまうこともある。反対に、いじめられる側が泣いたり、おどおどした様子を見せても、攻撃に火をつけかねない。

いじめられる側は、前に出ることもできず、後ろに下がることもできない。嵐が過ぎ去るのをじっと耐え忍ぶか、何でもないふりをしてやり過ごすのが、攻撃をかわす最善の方法であることを経験的に知ってのことであろう。こうした行動は、私たちが日常生活のなかで攻撃を受けたときにとる、典型的な反応パターンの一つである。

状況によっては、身を守る術《すべ》として、へらへらと笑ってみせたり、ゲームでもやっているかのように、相手に調子を合わせたりすることもある。「葬式ごっこ」と呼ばれた鹿川君のいじめでは、彼が登校して、自分の机に置いてあるクラスの仲間と担任の先生からの弔辞《ちょうじ》の色紙を見たとき、へらへらとした笑いを見せたという。

事実、私たちの調査でも、いじめられた子どもの反応として「気にしないふりをする」と「何もしない」というケースが最も多くなっている。教師が現場に居合わせたとしても、こうした状況をいじめとして認識するのは容易ではない。

悪意による見えにくさ

いじめは、悪意によって見えにくくされることもある。いじめが社会問題化し、許されない行動だという観念が確立すればするほど、いじめる側も、自分が善くないことをしていると意識している。それだけに、皮肉なことだが、見えないところでいじめが行われ、「偽装」や「正当化」という動機隠しも巧みになる。

わざと足を出して転倒させて、頭をかきながら「ごめん」といってあやまる手口や、「プロレスごっこ」と称して相手をいためつけ、ときには怪我を負わせてしまうことがある。これらは偽装されたいじめの形態である。わざと喧嘩するようにしむけ、「先に暴力をふるった」といって、寄ってたかって暴行を働く手口もある。これらは、被害者と周囲との認知のズレを巧妙に活用した手口である。

あるいは、ひどい仕打ちをしながら、「約束を破った」とか「自分勝手な行動をした」と非難したり、グループで行動する場面で、要領の悪いことにかこつけて、「グズ」「ノロマ」と罵《ののし》ったり嘲《あざけ》りを浴びせながら、「お前のためにみんなが迷惑をしている」と責めたてる手口も見られる。加害者が正当性を主張するのに巧みであればあるだけ、周りの子どもたちや教師の認識の枠組みが組み替えられ、いじめる側に正義をもたらしてしまう。

見落としてはならないのは、いじめる側の正当性の主張が、いじめられた側の認識の枠組みさえも組み替えてしまうことである。被害者であるにもかかわらず、原因は自分にあると考えてしまい、自責の念さえ抱かせてしまうこともある。そうでなくても、いじめの被害者は、自責の念を抱きやすい傾向が見られるだけに、いじめる側の正当性の主張については、被害者の心情に十分留意して対処する必要がある。

なお、携帯電話やインターネットを用いた「ITいじめ」や「ネットいじめ」についても付言しておかなければならない。インターネットでのコミュニケーションや携帯メールは、匿名性を確保することが容易である。また、誰でも容易にアクセスできる。そのために、これらの通信手段がいじめや誹謗中傷に悪用された場合、相手が特定できないままに被害が際限なく広がってしまう。加えて、その情報管理も容易ではないため、近年、深刻な被害が現れてきている。

これまでにも学校教育では、情報教育の一環として、情報ツールの使い方やマナーの学習が実施されている。しかし、現状を見るとき、もはや個人のモラルや心構えだけでは対応できない。個人情報の保護などを勘案しつつ、情報秩序の確保のための社会的な仕組みの確立やシステムの開発が早急に望まれる。

善への意思が悪を生む

今一つ注意すべきことは、私たちの先入観が事態の見え方を狭め、実態が分からなくなってしまうことである。

いじめに限らず犯罪や非行でも、不善な行動というものは、悪への意思から出たものだと考えられがちである。ほとんどのいじめはこうした理解に収まっていることも事実だが、この「悪への意思が悪を生む」という常識的なパターンに当てはまらない事例も少なくない。

社会現象に「意図せざる結果」は常に起こりうる。「不善への意思が善をなす」こともあるし、「善への意思が悪を生む」こともある。ここでいう「善への意思」とは、倫理に沿おうとする意思、規範を遵守《じゅんしゅ》し秩序を保とうとする意思、公共の精神に則り集団・社会の構成員の福利・安寧を図ろうとする意思、人格を尊重しようとする意思、他者の利害との調整を図り身勝手な衝動を抑制しようとする意思など、社会的に望ましいとされている行為を志向する態度を意味する。

この善への意思がいじめという悪を生む場合には、いじめる側といじめられる側との認識のズレがきわめて大きなものとなる。善をなそうとするがゆえの行為であるだけに、いじめられる側にとっては、抵抗の道が狭められてしまい、事態を独りで抱え込み、追い詰められていく可能性も高くなる。

たとえば、皆で努力してクラブに良い結果を残したい、仲間の技術を引き上げたいなど、活動への熱意が昂じるあまりに、結果の出せない子どもに厳しい「しごき」や叱責《しっせき》が長期にわたって集中することがある。あるいは学級の反省会で、活動を改善していこうとするあまり、特定の子どもに毎回集中して非難が浴びせられるなど、熱心さや責任感、または集団への忠誠心や意欲などの、善なる意思がいじめにつながっている場合もある。

いじめる側からすれば、これらは集団のためである。あるいは教師に代わって行われる正義であり、ときには良心の声である。自分の行動がいじめにあたるとは夢にも思っていない。

むしろ善いことをしていると信じ、周囲もそれをおかしいことだとも思わない。

いじめられる側は人格をずたずたに引き裂かれ、屈辱感で泥まみれになっていたとしても、皆のためという主張を前に出されると、抵抗できなくなってしまうことがほとんどだ。

反撃する力のない子どもが、いじめのターゲットになりやすいことは、以前から指摘されている。この「反撃する力のない」とは、単にいじめる側との力の差を意味するだけではない。正義や権威、誰しもが認める倫理・道徳のような、集団からの圧力も、反撃力を失わせる。

教師からの見え方

いじめに潜む悲劇の一つは、いじめられている側の被害認識と、いじめている側を含めた周りの子どもたちや親・教師の間との、認識のズレにある。このズレが、いじめにさらされている子どもを追い詰めていくことも少なくない。行き過ぎた行動に対して、高見から事態を認識し制御できる子どもや、指導・監督できる大人の存在は、いじめの抑止に不可欠である。

なかでも教師の存在は大きい。いじめは見えにくいが、日本の教師は可能な限りサインを汲み取り、情報を把握するための努力を重ねていることが、私たちの調査からもうかがえる。

たとえば、いじめられた子どものなかで、被害を受けたことを教師に相談するのは四分の一程度である。しかし、同じ子どもたちに、自分がいじめられたことを教師は知っているか尋ねてみると、五二・二％の子どもが知ってくれていると答えている。いいかえれば、教師が認知しているいじめ被害の半分は、当事者以外からの情報や状況の認識に拠っていることになる。

海外と比較してみると、イギリスでは被害児童生徒の四三・九％が、教師が知ってくれていると答えている。取り組みが先進的だとされているイギリスに比べても、日本の教師の認知率は高く、評価すべきである。

それでも、当事者の苦しみを汲み取りながら、いじめがあったかどうかについて、教師が判断することは容易でない。いじめに関連して自殺が起きると、学校がいじめを認識していなかったことが表面化することが多く、教師のいじめへの対応が批判の対象となりがちである。

しかし、私たちの全国調査チームの松浦善満《よしみつ》の分析によれば、実態を知った教師の八割はいじめをなくそうとしてくれたと、いじめられた子どもたちは答えている（図3－2）。また、その結果、六五・三％の子どもが、「いじめはなくなった」「いじめは少なくなった」と答えており、「ひどくなった」と答えた子どもは六・五％であった。教師が介入するとかえ

図3－2　教師の対応とその効果

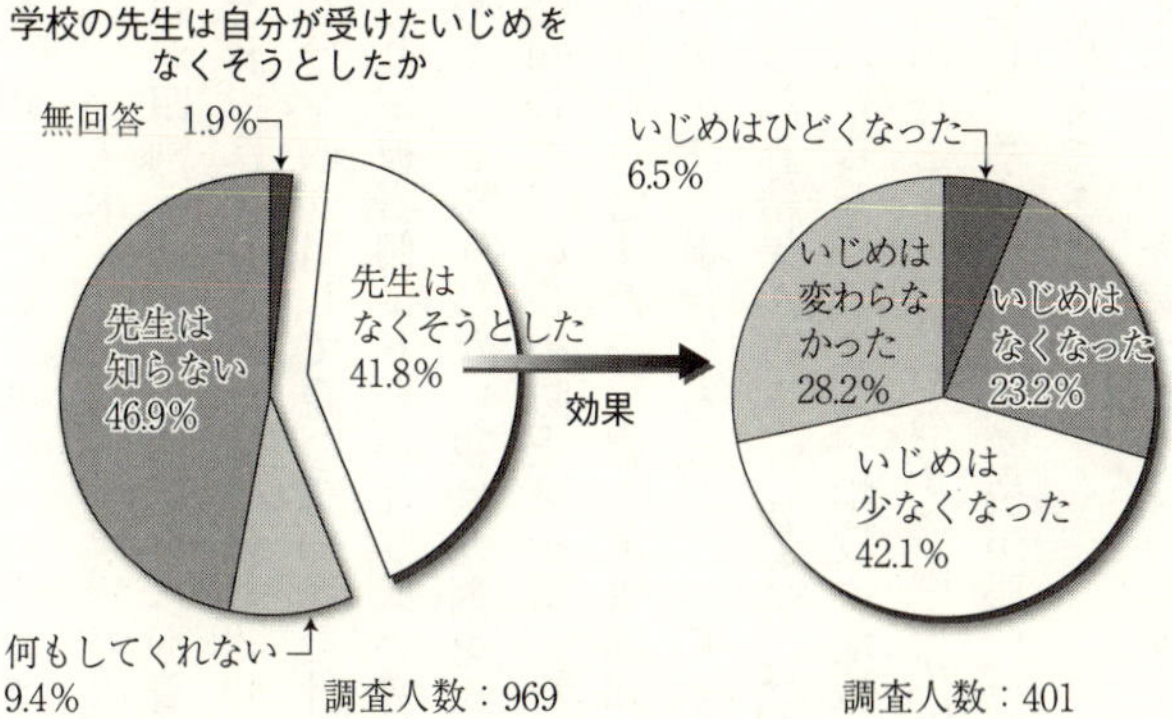

って事態が悪化すると思われがちだが、この調査結果は、そうした思いこみが誤っていることを示唆している。

親からの見え方

親は自分の子どものいじめについて、どれだけ知っているのであろうか。同じ全国調査チームの米里《よねざと》誠司が、子どもにいじめ被害があるケースを分析したところ、親が被害を認知している割合は二七・五%であり、七割強の親は知らなかった。男の子でも女の子でも、また、小学生でも中学生でも、結果には大きな差が見られなかった。

多くの場合、親がいじめを知るのは、子どもから打ち明けられたり、子どもの言動や振る舞いからサインを読み取ったりすることによる。しかし、知らなかったという親が七割強に達することは、「親子関係の緊密さ、親子間の意思の疎通《そつう》の十分さの点で問題があることが察知できる」と米里は分析している。さらに、「むしろ、子どもから打ち明けられているのに、いじめ被害はないとしている親が四割もいるという結果にも着目すべき」だと注意を促している。

それでは、いじめた側の親の認知はどうであろうか。上記の米里によれば、いじめた子どもだけを取り出して親の認知率を計算したところ、子どもの加害を知っている親は七・三％であり、被害側よりもかなり低い数値にとどまっている。いいかえれば、自分の子どもがいじめたことを知らない親は九割を超えている。米里はこう指摘している。「親がいじめ加害を認知して、いじめ防止策を講じることはきわめて重要であるが、一般に加害者はその行動を周囲から隠すため、親に加害認知を求めすぎるのは酷《こく》であろう。子どもへの関心という点で問題がある場合もあるが、いじめ加害の把握は、地域社会や学校の役割である」。

この調査結果からも、「親ならば知っていて当たり前」ではない現実を、学校は自覚しなければならない。また、学校や地域社会が、いじめ加害を親に報告し、家庭での対応や協力を求めたとき、「うちの子に限って」とか「いじめられた子が悪い」と非協力的な態度を露わにし、挙げ句には「学校が悪い」と攻撃的な態度に出る保護者が、一部ながら見られることも事実である。

そこには、家庭でのコミュニケーションの問題だけでなく、いじめが人間として許せない行為であるという倫理観の欠如が見られ、家庭教育に問題があるといわざるをえない。社会的な責任倫理の醸成が、家庭教育のなかでも、また、社会全体としても必要なときに来ている。

文部科学省の基準変更

二〇〇六年、福岡県筑前町の中二男子をはじめとする一連の自殺事件が発生し、いじめ問題は再び大きな波紋を呼び起こすこととなった。いじめ問題の「第三の波」のきっかけとなった事件である。

この「第三の波」は、前述のように、二〇年余りに及ぶ日本社会のいじめ対策の蓄積があるにもかかわらず発生したこともあって、教育関係者に衝撃を与え、これまでの対応の問題点があぶり出された。その一つが「いじめがあったかどうかの判定基準が妥当かどうか」という問題である。

北海道滝川市や福岡県筑前町の自殺事件は、「第三の波」で発生した事件のなかでも国民の関心がとりわけ高かった。そのきっかけは、事件後の市町教育委員会や学校が「いじめはなかった」と発表したことであった。記者会見での光景は、いじめが日本で社会問題となった二〇年前とほとんど変わりなかった。国民には「隠蔽《いんぺい》」とも受け取られかねない内容であり、一部の市町でのこととはいえ、学校教育への信頼感を一挙に覆らせかねない事態でもあった。筑前町を視察した文部科学省の副大臣が、視察後の記者会見で教育委員会や学校の隠蔽体質を批判したのもこのときである。

その結果、社会の関心の焦点は、「いじめの有無を判断する基準に曖昧な点があるのか」「文部科学省、教育委員会と学校の判断は信頼できるのか」に向けられることとなった。

こうした事態を受け、前述したように、文部科学省は、毎年実施する実態調査のなかで判断基準としてきた「いじめの定義」を見直し、二〇〇六年度の実態調査に反映させることとなったのである。

この調査は「生徒指導上の諸問題に関する調査」と呼ばれ、いじめについては一九八五年以降、毎年全国のすべての学校に対して実施されている。しかし、一年間のいじめの総発生件数が数件と報告する都道府県もあるなど、以前から調査の信頼性について問題が指摘されていた。

以下では、文部科学省の従来の判断基準により、実際にいじめが起きているにもかかわらず切り捨ててしまうことにつながる部分について、検討を加える。傍点を付した部分がその論点である。なお、基準全体については、前節までで既に詳細に検討しているので、ここではその概要にとどめておく。また、比較するために二〇〇六年度調査で修正された新基準についても併記しておく。

〈旧基準〉

「いじめ」とは「①自分より弱い者に対して一方的に、②身体的・心理的な攻撃を継続的に加え、③相手が深刻な苦痛を感じているもの。なお、起こった場所は学校の内外を問わない。なお、個々の行為がいじめに当たるか否かの判断を表面的・形式的に行うことなく、いじめられた児童生徒の立場に立って行うこと。」とする。

〈新基準〉

本調査において、個々の行為が「いじめ」に当たるか否かの判断は、表面的・形式的に行うことなく、いじめられた児童生徒の立場に立って行うものとする。

「いじめ」とは、「当該児童生徒が、一定の人間関係のある者から、心理的、物理的な攻撃を受けたことにより、精神的な苦痛を感じているもの。」とする。

今回の見直しでは、いじめの性質に関する表現がほとんど削除されている。旧基準に表記されている三項目や、いじめの性質が一つでも欠ければいじめではないと判断する傾向が、現場に見られたからである。結果として、子どもたちの苦しみをいっそう深刻にし、実態調査の信頼性を損ねる要因にもなっていた。

前文で述べられている「個々の行為が『いじめ』に当たるか否かの判断は、表面的・形式的に行うことなく、いじめられた児童生徒の立場に立って行うものとする」という新基準の基本姿勢に照らし、形式に陥らせる文言を削除し、子どもたちの立場に立って判断することを、いっそう求めた結果である。

公式統計調査による見え方

今回の修正では、調査結果の数字の性格づけについても変更されている。

従来の調査によって把握されたいじめの件数は「発生件数」と呼ばれていた。しかし、新基準では「認知件数」と改めている。それは、「発生件数」という表現が、データの特徴を正確に表現していないからである。

一口にデータといっても、さまざまな種類のものがあるが、統計的な手続きを経て現れる数値データを扱うとき、私たちは、ともすればそこに現れた値が客観的に現実を反映しているかのように考えがちである。

もちろん統計的な手続きで集められたデータがでたらめであるというわけではない。手続きがしっかりしていれば、その範囲で正確に現実を汲み上げたデータとなりうることはいうまでもない。しかし、一見客観的な数字として表されていたとしても、その数字が何をどのように定義し、誰を調査対象とし、誰が回答し、いつ、どこで、どのような手続きで集められたかによって、数字のもつ性格は全く異なる。このことについて、案外見逃しがちである。

それでは「生徒指導上の諸問題に関する調査」は、どのような方法で子どもたちのいじめの現実を掬い上げているのであろうか。

この調査では、教師によって把握された個々のいじめの事例を学校でまとめ、市町村教育委員会へ報告し、集約したものが都道府県教育委員会を通じて文部科学省に報告されるという手続きをとっている。したがって、私たちがいじめの実態として理解しているデータは、正確に表現すれば、発生した件数ではなく、あくまでも教師の目から見ることのできたいじめであり、それを学校でいじめと判定した件数である。

教師や学校による「認知件数」でしかないものを、起こった件数を把握しているかのように錯覚してしまう「発生件数」と表現してきたところに、社会やメディアからの誤解や非難を招く原因が潜んでいた。文部科学省の今回の修正は、調査が測定している現実に即している。

しかし、「発生件数」を「認知件数」に改めたとしても、それは発生した件数の一部であることを正確に言い表したに過ぎない。依然として捕捉できないいじめはある。捕捉できないからといって日本の教師のいじめを見抜く感性が鈍いわけではないが、見え方には限界があるのも事実である。

そこで、より正確に把握しようとすれば、子どもたちからの報告調査や相談活動も併せて実施することによって、捕捉できる範囲を広げることが必要となる。文部科学省では、今回の見直しに際して、児童・生徒にアンケート調査を実施するなどして、状況把握を十分に行うことを求めている。

いじめがあったかどうかの判断については、被害を受けた当人が感じている気持ちと、周囲が推し量る状況にズレが生じやすい。さらに、いじめられた子や周りの子どもたちからの通報が少なく、教師にはきわめて見えにくい部分が存在する。そのうえ、その見えにくい部分から深刻な被害が発生する。

こうした問題をできる限り避けるため、文部科学省が児童生徒へのアンケート調査やケース相談の併用を求めていることは、いじめという現象の性質に即した方法である。

なお、この場合、どの数値がより本当の姿を表しているのかという真偽が問題なのではないことに注意すべきである。結論からいえば、いずれもが現実の姿である。実態調査の結果は、学校と教師が切り取った現実の姿であり、それはそれで一つの社会的な事実を表している。文部科学省の実態調査の結果は、いじめの諸側面を構成する一つの要素として位置づけることができよう。

同じように、いじめられた子どもはその子どもなりに、いじめた子はいじめた側の視点から、周りの子どもたちは周りの子どもたちの目で、あるいは保護者は保護者の目で、いじめという現実を切り取ることによって、現実像を構築している。マスメディアとて同じである。

それぞれの視点は、もちろん固有の限界をはらんでいる。しかし、問題があるからといって、それぞれの立場から見えた現実の像は虚構ではない。見え方それ自体が一つの社会的な事実である。これらの多様な見え方の集合のなかで、いじめの現実が展開されている。

最後に、注意しておかなければならないのは、この見え方の集合に潜む関係者の認識のズレが二次被害となって、被害者をさらに苦しませることが少なくないことである。私たちのいじめを見る視点のなかにも、二次加害の可能性が潜んでいることは、改めて認識しておく必要がある。

第4章

内からの歯止め、外からの歯止め

1　いじめの明度

日常生活の延長上に発生する問題

いじめには、ふざけやからかい、冗談から、明らかに刑法に触れる暴行、傷害、恐喝まで、幅広い行為が含まれている。この現象の広がりを、図4－1のように、色彩の明度に喩えて図示すると、白からグレイの段階を経て、徐々に色の度合いを強め、犯罪や非行と絡んだ黒の領域の行動にまで至る。

白の領域には、社会生活や自分の生活を営むための人間関係や、社会や集団の制度、規範、あるいは資源の配分や役割の割り当て、分業などの仕組みなどが広がっている。これらをめぐって、私たちは影響を与え合いながら日常生活を営んでいる。広い意味での力関係のアンバランスが日常的に発生している領域であり、乱用がなければ、それ自体はいじめではない。いじめの手口となるふざけやからかい、冗談なども、私たちの人間関係の潤滑油《じゅんかつゆ》として作用している限り、いじめの範疇に入ることはない。

しかし、白の領域に属する行為でも、そこに力の乱用が起き、相手に被害を与えることになれば、いじめというグレイの領域に移行する。乱用によって被害の度合いが強まるにつれ

図4－1　いじめ問題の現れ方と社会的対応の原理

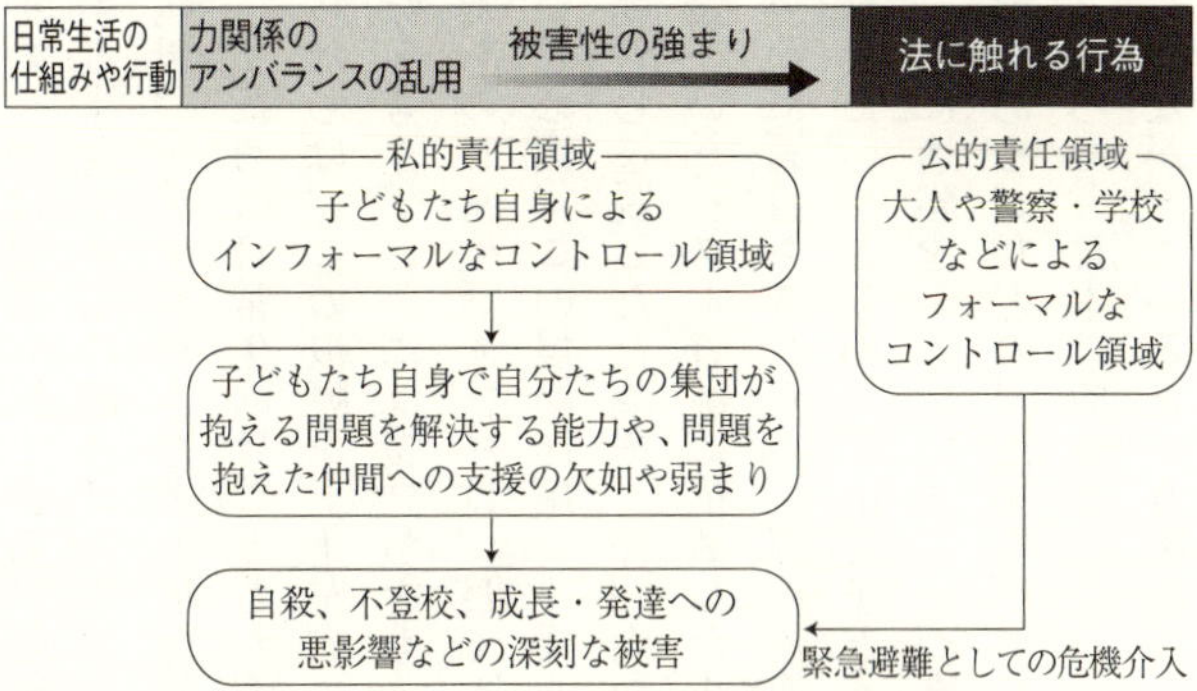

てグレイの領域は徐々に明度を下げ、黒の領域へと近づいていく。

この場合、ふざけやからかい、冗談などは、いじめの「乗り物」となっている。したがって、いじめの事実確認をする場合にも、表に現れた行動のみに着目して「ふざけているだけだ」などと形式的に判断することは、誤った認識を生む。いじめという事実は、繰り返し述べてきたように、あくまでも被害を受けたとする当事者の心理に根ざして判断されるべきである。

規範から生まれるいじめ

このように考えると、いじめという行為は、私たちの日常生活の延長上に力の乱用が乗ることによって、発生する現象といえる。組織の仕組みや活動も、いじめの「乗り物」となる。代表的なものを例示してみよう。

その一つは規範作用である。規範作用とは、集団のなかで発生する問題行動をコントロールする社会や集団の働きである。ここでいう規範とは、法律や規則だけではない。価値観や倫理観、イデオロギーなどの信念体系、慣例、慣習・習俗、ときには流行現象すら規範となる。私たちの日常生活はこうした規範という被膜《ひまく》に覆われて、秩序を保っている。

私たちは、この被膜を上下左右にはみ出す行動を、問題行動とか、逸脱行動、場違いな行動だと考え、ときには腹立ちをもって認識し、非難や制裁などの否定的な反作用を行使する。私たちの日常生活の秩序は、良くも悪くも、こういった反作用によって維持されている。

いじめは、この規範作用を「乗り物」として生成されることが少なくない。とくに集団の規範から逸脱した行為や、仲間内の暗黙の合意から外れた行動を理由に発動されるいじめは、正義というパワー資源に依拠した正当性をもち、集団内の制裁という色彩を帯びる。規範に裏打ちされた「正義の御旗《みはた》」が立てられているだけに、いじめられる側にとっては逃れがたい。いじめた理由を子どもたちに尋ねると、自分勝手だ、わがままだ、作業が遅くみんなに迷惑をかけている、いつも忘れ物をする、ルールを守らない、清潔でない、変わった癖がある、などの理由を挙げてくる。

ところで、日本は横並び社会だから、人と違った行動を排除することが多く、それがいじめにつながっているという指摘がしばしば見られる。しかし、これらのいじめは日本固有の形態として捉えるよりも、人間社会に共通と考えたほうがよい。

たしかに私たちの社会では、子どもも大人もバッシングに巻き込まれまいとして、集団の場面ではできる限り無難な行動を選択する傾向が見られる。それが日本固有の形態に見えるのは、一つには、集団の斉一性《せいいっせい》への圧力が強く、個性的な行動が現れにくい雰囲気があったり、力の乱用に対する抵抗力が比較的弱く、「長いものには巻かれろ」といった意識が潜在的に働いたり、あるいは、日常生活の秩序の境界をはみ出す行為への統制作用が比較的強いという日本社会の特質が影響しているからであろう。

いじめが「乗り物」とするのは、集団の規範作用だけではない。集団内の役割や、資源の配分過程からも発生する。これらはすべて、集団を営んでいくために必要な働きである。それゆえ、大人、子どもを問わず、いじめはどの社会でも見られるのである。

黒の領域のいじめ

いじめは、以前から子どもたちの日常生活のなかで被害を及ぼしながらも、一九八〇年代に社会問題となるまでは、学校教育の指導対象とされてこなかった。一九八〇年代においても、「たかが子どもの世界のことであり、騒ぎ過ぎだ」といった意見が語られたことは前述の通りである。当時の国民のいじめへの認識から考えれば無理からぬことであった。

しかし、被害の深刻さに人々の関心が集まるにつれて、教育的な指導の対象とせざるをえなくなってきた。

再び図4－1に戻ってみよう。この図は、いじめ問題の現れ方に対応する社会的な危機介入と、子どもたち自身による抑止力の現状を、図示している。

白の領域が、いじめというグレイゾーンに移行していくケースは既に説明した。これに対して、黒の領域のいじめは、法規範に抵触し、身体的・物質的被害が客観的に確認できる。この領域のいじめには、日常生活の延長上で起きるグレイゾーンのいじめがエスカレートしたものと、犯罪や非行を目的として、特定の人間をターゲットに、継続的に犯行に及ぶ場合がある。

移行タイプでは、加害者と被害者とが、日常生活のなかで親密な関係にあるケースが多く、日頃の人間関係を考慮して介入する必要がある。

図では、グレイゾーンと黒の領域の間に、明確な線が入っている。それは、黒の領域のいじめは、法への侵犯と結びついているからである。この種類のいじめを抑止し、社会の秩序を維持する責任は、警察や家庭裁判所などにも求められる。いじめといえども犯罪性を帯びた行為に対しては、検挙・補導という一連の司法過程が作動することになるのが、この領域の特徴である。

しかし、加害生徒の成長という視点に立てば、すべてを司法の場に託すわけではない。一方では毅然とした対応が必要となるが、本人の動機や家庭・地域が抱える問題についても、専門機関や地域社会と連携して対応する必要がある。

いじめは、たしかに学校の場を中心とした問題行動である。しかし、家庭や地域の問題が影を落としていることが多い。学校では、家庭の問題を切り離し、学校で現れた問題行動だけに対応する傾向があった。しかし、家庭や地域などでの苦悩を学校で発散させる子どもには、根本的な解決にならない。黒の領域のいじめでは、こうしたケースが少なくない。子どもの「生活総体」への理解と支援を行うことが大切である。

グレイの領域のいじめ

これに対してグレイの領域のいじめは、法規範を犯す行動ではなく、日常生活の場でのマナー違反やトラブルとして現れてくる。本来的には行政が公権力によって干渉すべき領域ではなく、個々人が責任をもつ「私的責任領域」としての性格をもっている。

いじめが、日常生活のなかの力関係のアンバランスとその乱用から発生するという性格に照らせば、いじめは基本的にこの「私的責任領域」に属する行為となる。犯罪性を帯びたいじめは、犯罪や非行として対応すべきだという意見や、いじめを法的に規制することは馴染まないという議論も、いじめが基本的にグレイの領域に軸足を置いているからこそ現れてくる。

このグレイの領域では、子どもたちの安全を図る責任は、子どもたち自身と教師や保護者、地域住民などの「私人」であり、個々の構成員のインフォーマルな相互作用に委ねられている。いじめが社会問題化するまでは「子どもたちの世界のことに大人が口出しをするなんて」という認識があったことは既に述べたが、この言説はグレイゾーンのコントロールのあり方の原理を反映したものともいえる。

しかし、現代のいじめでは、子どもたちによる自浄作用が働かず、孤立した状況のなかでいじめがエスカレートするケースも少なくない。子どもたちの外部にある「公的責任領域」からの危機介入も、被害性の原理に則った、緊急避難として位置づけられるべきである。

それでも、グレイゾーンのいじめに対する教育的指導の本道は、子どもたち自身による自浄作用をいかにして高めるかにある。いじめを根絶することは現実的ではない。むしろ、起きたいじめに対して、被害の小さい段階で歯止めをかけられるか、周りの子どもたちが被害に遭った子をサポートし、再び被害に遭わないようにする態勢を自分たちで組織化できるか。これらが大切になる。

2　内からの歯止め

いじめは人間の動物としての攻撃性に根ざすものではなく、人間が社会的に作り出す関係性に潜む病理である。そのために、私たち人間社会では、その発現を未然に防ぎ、起きたいじめに「歯止め」をかける知恵を集積している。

この「歯止め」は、人間の内面に規範意識としてセットされている場合もあるし、問題に反作用する力が集団に埋め込まれている場合もある。それでも、いじめによる被害がかくも広まっているのは、子どもたちの内外両面からの歯止めが弱まっていることの現れと考えられる。

まずは、子どもたちに内在化された規範意識がどのような状態か、見てみよう。

意識調査の結果では、ほとんどの子どもたちが、いじめは良くないことだと認識している。しかし、現実には、いじめはなくなっていない。この傾向は、「第一の波」の当時から変わっていない。たとえば、森田らが一九八四年に実施した調査結果にも、既にこの傾向が顕著である。

この調査では、いじめの典型的な手口である「持ち物かくし」と「友達をからかう」ことについて、「悪い」ことだと認識しているかどうか尋ねている。「持ち物かくし」では九七％の子どもが「悪い」ことだと認識し、「友達をからかう」についても九一％に達していた。きわめて健全な規範意識を身につけているといえる。

ところが、調査の結果、「友達をからかう」は全クラスで確認されており、「持ち物かくし」も四四学級中、四二学級で発生が確認されている。クラスのほぼ全員がいじめは「悪い」ことだと意識していても、抑止力になっていないのである。

調査チームの島和博は、この矛盾を説明する一つの鍵が、いじめを「面白い」と感じている点にあると分析している。「持ち物かくし」については「悪い」ことだが「面白い」という反応が二割強、「友達をからかう」では四割強であった。この傾向は、「いじめている子」やいじめを周りではやし立て、面白がって見ている「観衆」層の子どもたちに顕著である。

善悪の判断が「理性知」の判断だとすれば、「面白い」という評価は「情動」のレベルで生じる。「悪いことだが面白い」という状態は、規範が内在化されず、情動を抑制できない場合、あるいは「面白さ」を求める情動が、「中和の技術」（D・マッツァとG・M・サイクス）で行動を正当化してしまう場合、または、既述の群集心理が発生する場合などが考えられる。

なお、ここでいう「中和の技術」とは、逸脱行動に対して道徳的な非難や制裁が及ぶ場合に、自分の行動を正当化するテクニックである。マッツァらは、「責任の回避」「危害を加えていないと考える」「被害がないと見なす」「非難や制裁を加えるものを非難する」「集団や社会への忠誠心に訴える」などのメカニズムを挙げている。

一方で、規範意識が内在化されない背景には、現代社会における規範意識の弱まりやコミュニケーション能力の低下を指摘する議論が多い。また、欲求の肥大化に伴う「コンサマトリーな行動」（欲求をあたかも消費するかのように即時達成的に行動へと移す傾向）、あるいは「今が楽しければよい」とする刹那《せつな》主義が、感情や欲望の抑止力を欠き、問題行動を引き起こすという議論も多い。

これらの議論は、いずれも誤りではない。しかし、こうした傾向の背後には、現代社会の深層に潜む大きな構造変化があることを見逃してはならない。本書は、この変化を後述する「私事化」の動向に求め、いじめ問題への対応を私事化する社会への対応の問題として捉え直す。

加害意識を弱めるもの

いじめは、基本的にグレイゾーンで発生する。そのため、ほとんどの子どもたちは一般論として、いじめを「許せない」と捉えることができるが、現実の行動のレベルでは、加害意識を強く意識しないことが多い。そのことが、「悪いことだが面白い」という意識にもつながってしまう。

その要因の一つは、逸脱性の境界が不明確なことにある。

一口にいじめといっても、からかい、ふざけ、あだ名呼び、非難の応酬、喧嘩、小突く、突き飛ばすといった、日常的に起こりうる行為から、悪質なからかいやふざけ、誹謗中傷、暴力、仲間はずしまでさまざまであり、どこまでが許され、どこからが許されないものかという逸脱性の境界が、いじめの「乗り物」によって判断できない。

逸脱性の境界が曖昧であるということは、特定の行為がいじめにあたるかどうかの判断が、行為の状況や地域文化などによって、異なる場合があることを意味している。善悪の判断を子どもたちに尋ねた各種の調査結果で、いじめは「理由によっては悪くない」「分からない」という判断が少なからず現れることは、まさに境界の不明確さを示している。状況的誘因が加われば、逸脱性の境界は容易に溶解してしまう。規範観念を醸成するにあたって注意しておかなければならない。

加害意識を希薄化する要因は、実害が見えにくいことにも求められる。「いじめの見えにくさ」のところで触れたように、いじめでは、自分の行為の加害性を相手の内面の苦痛によって推し量る必要が生じる。周りの者から実害が見えにくく、それだけ反作用も現れにくい。

総体としての規範意識をいっそう脆弱化させてしまうことにもなる。

教師の威信の揺らぎ

もう一つの要因に、学校の秩序や教師の威信の揺らぎがある。

私たちの全国調査でも、文部科学省の調査でも、いじめの発生率の高い学級では、「正しいことが正しいこととして通らない」「正直者が馬鹿を見る」「先生が子どもたちにおもねる」傾向が見られた。日本社会全般の規範や法秩序の揺らぎと、運用者への不信感も背景として重要である。とりわけ大人が行う児童虐待、ドメスティック・バイオレンス、パワー・ハラスメント、セクシャル・ハラスメント、アカデミック・ハラスメントなどに対する日本社会の感性が鋭敏か否かは、子どもたちの規範感覚に少なからず影響を与えていることも見逃すことはできない。

いじめは新しい問題行動であるだけに、規範観念も成熟しておらず、逸脱性の境界にも曖昧な性質があるため、子どもたちの道徳的な意味空間のなかに根を下ろしていないところが多々ある。それでも、内面からの歯止めの育成なくしては、社会の秩序を担保できない。

3　外からの歯止め

加えて、いかなる社会規範でも、内面の歯止めだけでは不十分であり、どうしても外からの歯止めが必要となる。つまり、いじめ加害者の周りの人々からの反作用による抑止力が不可欠である。いじめ問題のように、秩序や安全の確保を私的責任に委ねている場合、加害側の内面に多くを期待できないならば、構成員相互の働きかけに期待せざるをえないからである。

いじめ事件が発生すると、私たちは「いじめた子」と「いじめられた子」に注目し、何が原因かを探り出そうとする。しかし、実際には、直接の当事者のみによって、いじめが発生したり解消したりしているわけではない。

いじめであれ、犯罪・非行であれ、およそ逸脱行動といわれる現象は、周りの人々の反応の仕方によって、現象の発生、逸脱の程度と内容、ターゲット、継続性などが異なってくる。フランスの社会学者E・デュルケムは早くからこのことを指摘していた。

私たちの日常生活のルールは法律だけでなく、慣習、道徳、習慣などの規範の束によって保たれている。これらは、特定の場面で、どのように判断し、どう振る舞うべきかの準則を示すものである。

私たちが他者の行動に接する場合にも、規範に照らして望ましい行動であれば、これを是認し、ときにはその行動を推奨する。望ましくない行動であれば、これを否認し、事態は抑止される方向に動いていく。前者を肯定的反作用、後者を否定的反作用と呼んでいる。およそ集団といわれるものは、学級であれ職場であれ、こうした反作用によって保たれている。外部からの危機介入は、このシステムの限界を超えたときに限られる。

人々の反作用は、目の前で起きている問題に直接対処するためだけではない。規範を内在化するのも重要な働きである。

このことは子どもを例に考えれば容易に理解できよう。子どもが望ましくない行動をすれば親がたしなめ、望ましければ褒める。こうして子どもは、望ましくない行動を外からの声によって抑制するとともに、それが望ましくないことを知り、内なる良心の声として定着させていく。この場合、親の反応が「反作用」である。親子関係に限らず、私たちの生活とはこうした「行為と反作用」の繰り返しからなっている。この積み重ねが、人々を社会人として成長させ、結果として社会の秩序維持につながっていく。

デュルケムは、社会や集団のなかで逸脱が発生した場合、否定的な反作用が適切に発動されるならば、その社会や集団は正常な状態にあり、適切に作動しない状態にあれば、社会や集団は病んだ状態にあると考えた。

デュルケムは、そこから「犯罪は正常現象である」という命題を導き出している。犯罪を個人の行動のレベルで見れば、正常な現象とは毛頭いえない。しかし、視点を個人から社会や集団のレベルに移行させてみると、異なった姿が見えてくる。

そもそも犯罪という現象は、それが発覚し、逮捕され、起訴され、有罪判決が出て初めて犯罪となる。現代のような依法《いほう》社会では、この一連の司法過程が、社会の反作用メカニズムの作動するプロセスとなる。もし、社会の反作用力が脆弱であれば、犯罪は社会の表面に現れない。反対に、反作用力が強すぎる社会では、冤罪《えんざい》も含めて、過剰に犯罪が生み出される。したがって、正常な社会とは、犯罪に対する適切な反作用力を備え、一定数の犯罪を生み出すことのできる社会といえる。異常に少なすぎても、多すぎても、病んだ社会の状態の証となる。

このことは、いじめにも当てはまる。誰もいじめた子を制止しようとしない学級は、いじめに対する反作用力を欠いた集団である。教師が介入しない限り、学級自体で抑止力を発揮できない状態にある。しかも、こうした反作用力の衰退した学級は、いじめの周りに壁を張り巡らせており、教師がいじめを発見することすら容易ではない。デュルケムになぞらえて表現すれば、まさに「病んだ学級集団」といえよう。

なお、これらの反作用は、曖昧になっている逸脱性の境界を明確にする働きも備えている。そもそもいじめ問題では、何がいじめにあたるかについての境界が曖昧になりがちであり、加害意識の弱さもそこからもたらされている。集団のなかで、いじめに対して反作用が現れなければ、境界はますます不明確となり、加害意識はいっそう希薄化する。反対に、適切な反作用が加えられれば、集団内の認識の枠組みが固まる。いじめに対して適切な反応がなされることによって、正義が貫かれ、集団の秩序も回復する。反作用は、集団のなかに、こうした一連の正のスパイラルを巻き起こしていく導火線でもある。

傍観者も加害者である

いじめにおける反作用の担い手は、当事者を取り巻く周囲の子どもたちである。周りの子どもたちは、さらに二層に分かれる。一つはいじめをはやし立てて面白がって見ている子どもたち（観衆）であり、もう一つは見て見ぬふりをしている子どもたち（傍観者）である。森田は、いじめが、加害者、被害者と合わせた四層の子どもたちが絡まり合った構造のなかで起こっていることを明らかにした（図4－2）。

教師はともすれば「いじめた子――いじめられた子」という関係に目を奪われて、犯人捜しや、いじめられた子の事情を調べることに終始しがちである。もちろんこうした作業が間違

図4-2　いじめ集団の四層構造モデル

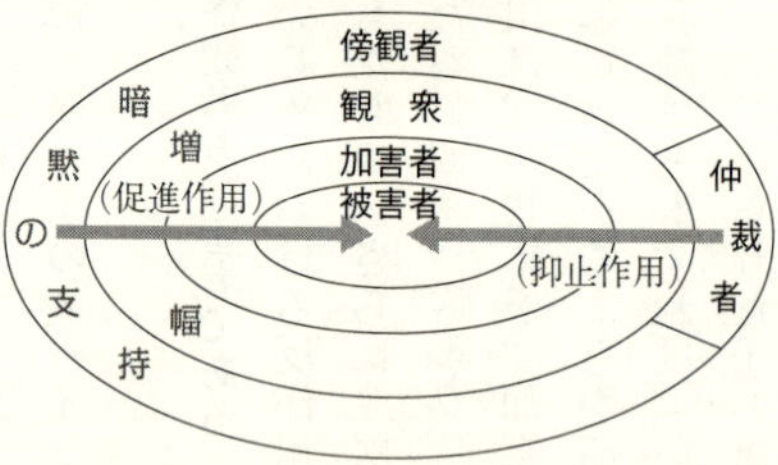

っているわけではない。しかし、私たちは、周囲の人々の反応によって、歯止めがかかるかどうか、左右されることを忘れがちである。

周りで見ている子どもたちのなかから、「仲裁者」が現れる、あるいは直接止めに入らなくても否定的な反応を示せば、「いじめる子」への抑止力となる。この場合、いじめは、いったんクラスからなくなるか、続くとすれば新たないじめの方法が導入されたり、標的を変えたりすることも起きる。逆に、周りの子どもたちが面白がったり、見て見ぬふりをしたりしていれば、「いじめる子」は図に乗る。

「観衆」は直接手を下してはいない。しかし、ときにははやし立てることによって、いじめの炎に油を注ぎ込む存在である。「いじめる子」にとって、彼らの存在はいじめを積極的に是認してくれる層である。その意味では「観衆」も加害者側に立っている。「観衆」のなかには、いじめのきっかけを作っておいて、いざいじめが始まると自分は手を下さず、周りで見ながら、ほくそ笑んでいる「仕掛人タイプ」も含まれている。

これに対して「傍観者」は、知らぬふりを装い、一時的に日頃の人間関係を断っている子どもたちである。彼らが冷やかな反応を示せば、いじめを抑止する存在となる。しかし、見て見ぬふりをする態度の背景には、他者の抱えている問題への無関心さ、自分が被害者になることへの恐れ、優勢な力に対する従順さ、集団への同調志向などが横たわっており、この層の大部分は、実際には、いじめを抑止する力となりえない。傍観者的な態度は、かえって、いじめている子どもを支持する存在となる。

森田らの調査（一九八五）では、傍観者は、加害者や観衆と異なり、自分勝手な行動には出ず、学級の活動にも協力的であるが、これらは彼らの同調志向の高さからもたらされたものとも解釈できる。また、この層には、成績も比較的良く、将来の大学進学を考えている子どもたちが多く、教育制度をはじめとする社会の仕組みへのつながりに意味を見出している子どもたちが多く見られる。

傍観者は普段の日常生活では、きわめて状況適応的な態度を示している。しかし、いったん、いじめの場面に出くわすと、それが友人であっても救いの手を差しのべず、傍観者を決めこんでしまう。

指導マニュアルなどで、「傍観者も加害者である」という考え方が示されることがある。この考え方は、この反作用モデルから導き出されたものである。傍観者層の子どもたちは、「いじめに荷担したつもりはない」「被害を与えるようなことは何もしていない」と考えている。たしかに個人の行為に着目すれば、その通りである。

しかし、反作用が何も起きなければ、いじめを助長する。したがって、傍観者は、彼らが考えているように中立とはいえない。さらに、傍観者の存在は、いじめという力の乱用に対する服従の構造を広げ、それが集団圧力となって、「止めに入る子」をためらわせる。まさに傍観者も加害者なのである。森田らの調査（一九八五、一九九〇）によれば、いじめ被害の多さは、学級内のいじめている子の人数や観衆の人数よりも、傍観者の人数と最も高い相関を示している。

しかし、観衆と傍観者は固定された役割ではない。常に「被害者」にまわる可能性があり、「加害者」に変身することもある。「加害者」も例外ではなく、常に「被害者」へと落とし入れられる可能性を含んでいる。あるいは、「加害者」であり「被害者」でもあるという子どももいる。こうした「立場の入れ替わり」が、学級集団のなかに、「被害者」へ陥ることとの不安感を蔓延《まんえん》させ、誰もが口を閉ざし、教師に知らせようとしない雰囲気が醸成《じょうせい》される。

以上のように、現代のいじめ集団の構造は、「加害者」「被害者」「観衆」「傍観者」という四層からなっている。いじめの性質は、加害者だけでなく、周りの子どもたちの反応によっても決まる。いわば教室全体が劇場空間であり、いじめは舞台と観客との反応によって進行するドラマである。

多くの傍観者のなかで、いじめが進行していく状況は、抑止力を欠いたまま、学級が四層へ収斂《しゅうれん》していく過程であり、子どもたち自身による歯止めを失った状態は、集団の自己制御機能が脆弱化した証である。この状態は、「集団のインファンティリズム（退行的原初化）」とも呼ばれ、集団の「共同性」が瓦解したことを意味する。共同性を欠いた学級内の人間関係はますます希薄になり、子どもたちを孤立させる。「四層化」とは、いじめられた子どもを孤立させ、追い詰めていくことでもある。

日本のいじめの特徴

それでは、子どもたちの集団の共同性は、実際にどの程度揺らいでいるのだろうか。いじめの場面でどのように「四層化」が進行し、反作用力を弱めているのかを、私たちの調査結果から考えてみよう。

いじめは、比較的新しい社会問題であるため、比較可能な時系列データがない。そのため、日本の子どもたちがいじめの場面で否定的な反作用をどの程度発揮できるのか、四層化の進み具合はどの程度なのかを、海外の経済先進国、とりわけいじめ対策の進んでいる国々の状況と比較することによって、明らかにする。

以下のデータは、私たちが一九九七年に実施した、日本とイギリス、オランダ、ノルウェーの国際比較調査の結果である。小学校五年生から中学校三年生までの児童・生徒に対して同一の質問紙を用いて、アンケートを実施した（日本のデータは、全国の公立の小学校、中学校の学級を抽出最終単位とし、確率比例多段抽出法によって選び出した標本である。各国も代表性・典型性を配慮し、標本構成している。また、調査期間は、アンケート用紙を配布する直前の四ヵ月間の経験とし、その間のいじめについてさまざまな角度から質問している）。

まず、日本のいじめの被害経験率について見てみよう。日本は、一三・九％（イギリス三九・四％、オランダ二七％、ノルウェー二〇・八％）と被害経験者の比率は四ヵ国中最も低い。これに対して、イギリスは、四ヵ月間に四割近くが被害を受けたと報告しており、オランダも四分の一強が被害を訴えている。

もちろん、四ヵ国のなかで相対的に低いだけであり、二学期の四ヵ月間に七人に一人の割合でいじめの被害を受けているという事実は軽視できない。それでも、この日本の数値は、私たちの当初の予測を裏切るものであった。調査の時期は、いじめが社会問題化し、「第二の波」が訪れた直後である。私たちは、日本の子どもたちの被害経験率が、もっと深刻なものと予測していた。

そこで、予想に反するこの結果と、私たちが認識している日本のいじめ被害の深刻さとの矛盾を明らかにするために、調査結果を別の角度から分析してみた。取り上げたのは、いじめのなかでも最も深刻な「長期・頻回《ひんかい》型」、つまり長期にわたって日常的に被害に遭ういじめの出現率である。

いじめは、どこにでも発生する素地をもっているが、歯止めが有効に作用すれば、被害も軽微な段階で終息する。しかし、歯止めが作動しなければ、特定の子どもに長期間にわたって続き、手口も多様となり、エスカレートしていく。このようないじめを「進行性タイプのいじめ」と呼ぶ。

そこで、いじめが「一学期以上」の期間にわたって続き、かつその頻度が「週に少なくとも一回以上」認められる「長期・頻回型」のいじめを指標として、「進行性タイプ」の出現率を比較してみた。いじめの被害に遭った子どもたちのなかで、「長期・頻回型」被害者の占める比率を算出してみると、日本は一七・七%（ノルウェー一七・一%、イギリス一二・四%、オランダ一一・七%）と四ヵ国中最も高い比率を示している。

日本は他国に比べていじめの被害に遭う確率は低いが、いったん被害に遭うと「進行性タイプ」になる確率が高い国といえる。

これに対して、イギリスとオランダの両国は、きわめて高い被害経験率を示しながらも、「進行性タイプのいじめ」の被害に遭う確率が日本よりも低い。つまり、「一過性タイプ」が相対的に多く現れる国として特徴づけることができよう。

傍観者になることが成長？

いじめがどの生徒に、どれだけ長く、どれほど陰湿に、またどこまで被害をエスカレートするかは、当事者だけでなく、周りの生徒たちの反作用によって決まるという力学を示したのが、「いじめ集団の四層構造モデル」であった。

調査では、「傍観者」が多く、止めに入る「仲裁者」が現れなければ、いじめはエスカレートすると仮定し、一過性タイプの国と進行性タイプの国を比較した。

図4－3は、「仲裁者」の出現比率が、学年の推移につれてどのように変化するのかを国別に調べた結果である。また、図4－4は「傍観者」の出現比率を学年の推移にしたがって国別に示した。

まず「仲裁者」であるが、いずれの国でも、小学校の段階での出現率は高い。しかし、学年が移行するにつれて、どの国でも率が減少する。ところが中学校段階になると、進行性タイプの日本と一過性タイプのイギリス、オランダとで、傾向を異にする。イギリス、オランダ両国では、下がり続けていた「仲裁者」の出現率が下げ止まり、むしろ上昇に転じる。イギリスでは、その傾向がさらに顕著《けんちょ》である。これに対して、日本は下降傾向のまま推移する。

一方、「傍観者」の推移カーブは、図4－4で示されているように、「仲裁者」と全く逆の動きをする。小学校の段階では傍観者層が少なく、学年が進むにつれて増えてくる。しかし、イギリス、オランダでは中学生になると減少に転じる。これに対して日本は、中学生になっても傍観者は直線的に増え続け、中学三年では六割に達する。

図４－３　仲裁者の出現比率の推移

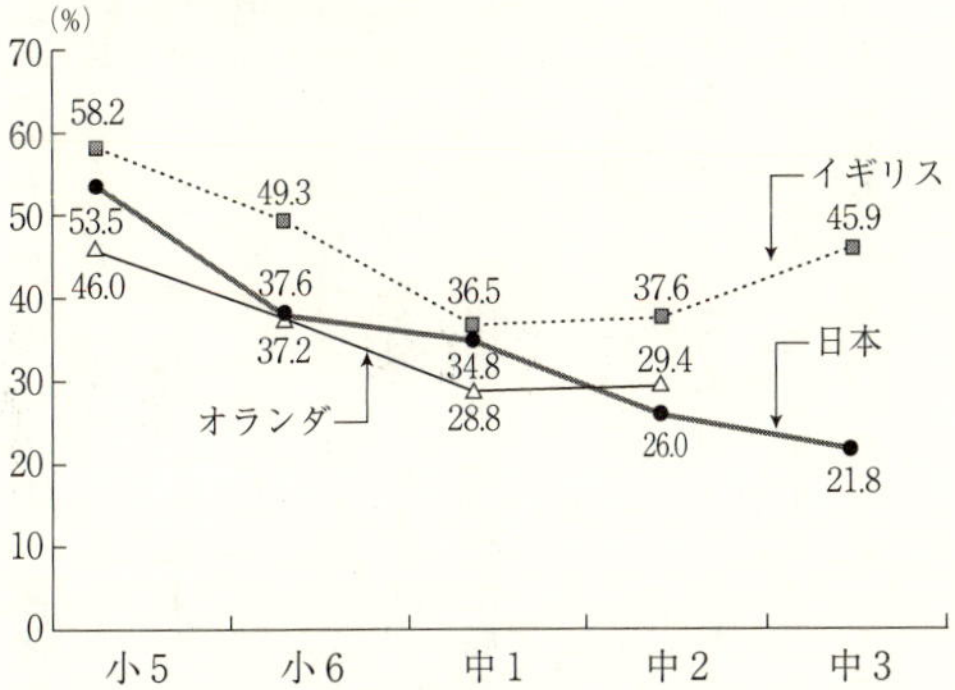

図４－４　傍観者の出現比率の推移

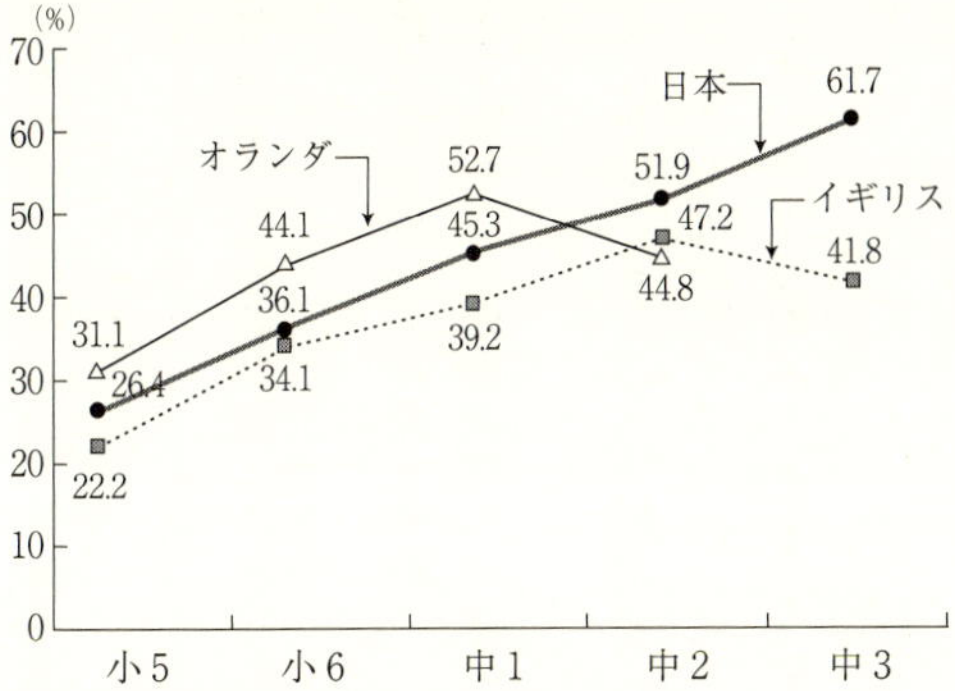

既述のように、学級内の傍観者の多さといじめ被害の発生数とは高い相関を示していた。傍観者の存在が、いじめに対して暗黙の支持を与えるからである。

加えて、ここで検討した図4－3と図4－4のグラフは、「傍観者」の現れ方が「仲裁者」の現れ方と密接な関係にあることを示している。傍観者が増えれば仲裁者が減り、傍観者が少なくなれば仲裁者が現れやすくなる。

このように、傍観者の存在は、いじめに対する抑止力に深く関わっている。いじめへの対応にあたって、傍観者を含めた周りの子どもたちへの働きかけは、きわめて重要な鍵を握っている。

これらのグラフによれば、日本の子どもたちは、あたかも傍観者として育っていくことが成長であるかのような動きを示している。いつも机を並べているクラスメートがいじめられて悩んでいても、手を差しのべることもせず、見て見ぬふりをするのが大人になることであるかのような発達曲線にも見えてくる。

問題を捉え直す

日本の子どもたちのこうした行動の背景には、「止めに入れば自分も火の粉を浴びる」「正義感をかざせばクラスや仲間から浮いてしまう」「人に合わせて、うまく泳いでいけばいい」

「人に被害を与えたり、迷惑をかけたりしなければそれで良い」といった意識傾向が潜んでいるといわれる。いじめを止めたり、仲裁したりするには、その場の雰囲気への同調志向、自己保身といった意識を超える価値観を育成していくことが必要となる。

その鍵は、第1章の「日本と欧米の違い」で触れたように、いじめを、いじめる子といじめられる子との「個人と個人との関係の問題」と認識するか、「集団全員の問題」として捉えることができるかにある。

暴力行為と同じように、いじめは、規範や秩序を損ない、何よりも子どもたちの安全や自己実現を脅かす行為である。子どもたちも、毎日の学校生活のなかで、自分がいじめの標的にならないように常に気を配っている。目の前で起きているいじめが、明日は自分の問題になるかもしれない不安感から脱却し、安心して楽しく通える学校のなかで、伸びやかに自己実現を図ることは、子どもたち誰しもが望む。それは保護者や国民の願いでもあり、教育への期待でもある。

そのためには、いじめ問題を「個人化」させず、学校社会にとっての問題として「公共化」させる力を子どもたちにつけ、自分たちの手で課題を解決するよう、主体的に参画させていくことが必要である。

欧米では、こうした指導が「シティズンシップ」教育のなかで行われている。イギリスやオランダでは、成長していくにつれて「仲裁者」が増え、子どもたち同士の間で早期に抑止力が作動するため、いじめがエスカレートしないことを見た。中学生という発達段階は、集団の一員としての役割や責任の自覚が促される時期であることを考え合わせると、「シティズンシップ」教育が実を結び始める時期ともいえる。

いじめが発生することは不可避だとしても、それを抑止する社会と抑止しない社会とがあり、現実にいじめを止められる社会と止められない社会とに分かれる。その分岐点は、いじめ問題を個人化して捉え、対応も個人化するか、集団や社会の全員が関わる問題として公共化して捉え、構成員の役割であり責務として問題の解決に臨むかにある。その違いを作り出すことこそが、まさに教育に課せられた使命といえる。

第5章

私事化社会と市民性教育

1 「私」への集中

「現代型」とは

周知のように、「非行」「校内暴力」「いじめ」「不登校」は、現代の日本の学校が抱える深刻な問題である。なかでもいじめは、「不登校」とともに、一九八〇年代に入って社会的に注目されるようになった。しかし、ここでいう「現代型」とは、「現代社会に新たに登場した現象」という意味ではない。いじめは、日本社会でも古くから見られた現象である。また、インターネットいじめのように、これまでにはなかった当世風の新しい手口が現れたことを意味するものでもない。

ここで「現代型」と呼ぶのは、いじめが、従来から発生していた伝統的な問題行動でありながら、そこに「伝統型」とは異なった特徴が見られるようになったため、従来の原因論や研究方法や社会的対応だけでは、現象を掬いきれなくなってきたからである。従来にない特質と要因が混入してきたことに着目する概念である。

この「現代型」という概念は、現代社会における犯罪現象の新たな特質を浮き彫りにし、犯罪学理論と刑事政策の修正の必要性を明らかにした、刑事法学者・藤木英雄の「現代型犯罪」という概念を援用したものである。藤木によれば、現代型犯罪は「形式的には刑法に触れ、しかも自然犯に属すると考えられる行為でありながら、一般市民の日常行動の延長線上にあり、社会観念としても、本人の意識としても、当然の悪であるとは認識されていないという種類の行為をいう」と定義されている。

この特徴づけは、以下に述べるように、現代のいじめ問題においても共通する特質を有しており、いじめ問題にも十分適用できる枠組みとなっている。

藤木の定義を敷衍《ふえん》し、いじめという問題行動に見られる「現代型」の特徴を列挙すれば以下の通りである。

①日常生活の仕組みのなかから生成されること。

②それゆえに、問題行動かどうか不鮮明な「グレイゾーン」で発生する現象である。しかし、それが社会問題化することによって、新たな問題行動として定義づけられ、社会的な制御の対象とされるようになったこと。

③問題を起こしている当人に加害性の認識が低く、罪障《ざいしょう》感も希薄であること。

④現代社会を背景として発生していること。

⑤特定の子どもだけでなく、どの子にもいじめる可能性、いじめられる可能性があり、実際に多くの子どもたちが経験すること。

本書では、いじめの生成要因を、特定の逸脱人格や被害者像に求めず、日常生活のなかで不断に生成される、「力のアンバランスとその乱用」という関係性の歪みにあるとした。それも、いじめが特定の人間にだけ起きるものではないという特質に基づいている。

だとすれば、対応策も、特定の子どもだけに焦点を当てるのでは限界が生じる。仮に関係性の歪みをもたらす要因が個人的な属性にあるとしても、その属性は、現代社会に生きる多くの子どもたちに観察されるものである。対策の焦点は、子どもたちも含め、現代社会に生きる人々の意識や行動、関係の取り方へ当てることが必要だろう。個人への働きかけを行うとしても、その前提として、私たちの社会と人々のあり方を踏まえつつ対応する視点が不可欠である。

「現代型」の特質として掲げた①日常生活の延長上で起きること、②逸脱性の境界が曖昧であること、③加害意識と罪障感が希薄になりがちであること、⑤いじめが特定の人間にだけ起きるものではないこと、については、これまでの章で説明してきた。本章では、④のいじめ生成の背景をなす現代社会をどのように捉え、それがどのようにいじめの生成に関わり、そこからどのような対策が必要となるのかについて明らかにしていく。

私事化する社会

いじめ問題に限らず、現代の社会問題を読み解くとき、その背景となる社会状況を織り込むことは不可欠である。いじめのような、社会のミクロなレベルで起きる問題であっても、社会のマクロレベルへの目配りは欠くことができない。「グローバリゼーション」「近代化」「産業化」「情報化」「構造改革」「福祉国家の解体」「人口構造変動」など、現代の日本社会を読み解くために有益なキーワードにはさまざまなものがあるが、ここでは、いじめ問題を読み解くために「私事化（privatization）」という動向に着目する。

今、これまでの日本社会を支えてきた価値観が大きく揺らいでいるといわれる。「新人類現象」「私生活中心主義」「自分さがし」などは、現代社会を読み解くキーワードといわれて久しい。これらはすべて日本社会の深層を流れる大きな変化と、そこに生きる人々の意識の変容につながっている。

この変化は、一言でいえば、人々を集団や人間関係へと伝統的につなぎとめてきた絆に緩みが現れてきた、ということである。それは、人間関係のしがらみに振り回され、他人が私事に土足で踏み込んでくる煩《わずら》わしさから逃れようとする動きであり、自分を犠牲にしてまで企業や集団に尽くすことはほどほどにし、私生活の隅々まで丸ごと呑み込まれることがないように人間関係や組織に対して適度な距離を置きつつ、自分の私的な領域（「ワタクシゴト」

の世界）を確保したいという欲求の現れでもある。こうした現代社会の変化を「プライバタイゼーション」と呼び、「私事化」という訳語をあてていることは、既に触れた。

この変化は、いずれの先進産業国でも起きてきた。社会が近代化する過程で、共同体の呪縛から人々が解き放たれ、個人が自立していく「個人化（individuation）」の動向の一つである。個人の主体性や自立性の確立過程を、一般に「個人化」と呼ぶが、「私事化」は、その一つの局面である。「私事化」とは、社会や生活空間を公的な領域と私的な領域の二つの部分からなっているものと見たとき、制度や人々の関心の比重の置き方が公的なものから私的なものへと移っていく変化を指している。

経済学では“privatization”を「民営化」と訳す。これは政府や公共団体が所有したり管理・運営したりしているものを民間へと移譲する現象であり、日本では一九七〇年代に始まる。日本国有鉄道はＪＲに、日本電信電話公社はＮＴＴをはじめとする民間企業となった。第三セクター方式による経営も、地方自治法の改正による特定事業の請負制度の改正も、この動向の一つであり、独立行政法人化などの形で、今も続いている。

これらは政治や経済という大きな枠組みの変化であり、私事化の動向を基盤から突き動かしている。社会学では、これらに加えて人々の意識や行動、ライフスタイルの変化にも注目する。「新人類現象」「私生活中心主義」「自分さがし」などは、流行語ともなっただけに、一時の風俗現象のように見えるかもしれないが、社会の深層における「私事化」という動向が分かりやすい形をとって現れたものと見るべきだろう。

人々の意識や行動に着目すれば、私事化とは「人々の関心が、私生活とその中核に位置する『私』へと集中していく動向」といえる。経済が発展し、生産性の上昇配分が暮らしに及んでくるにつれて、人々は職業生活だけでなく「私」的な生活世界のなかに、生きる意味を求めようとする。

プラスとマイナス

社会や集団や仕事も大切である。だが、私生活も豊かに過ごしたい。社会のしがらみや軋《あつ》轢《れき》から解き放たれ、より自由な存在でありたい。個人の幸福を大切にしたい。自分らしさを求め、生きている証を実感したい。

私事化の流れとともに、こうした願いは高まり、それを実現しようとする動きが社会のなかで強まってくる。その意味では、私事化は困った事態ではない。むしろ、集団や組織に呑み込まれ、ないがしろにされがちだった個々人の私生活や、その人らしさを大切にするという価値観が登場してきたことは歓迎すべきである。

また、個人の存在に重きを置く価値観が社会のなかで浸透していくにつれて、人々は自由とともに権利意識を高め、人間に固有の尊厳性を基軸として構成される「人権」という観念が、より具体的な内実を獲得していくこととなる。

子どもの権利について見てみよう。一九二四年の国際連盟の「ジュネーブ宣言」に始まり、第二次世界大戦後には「児童の権利に関する宣言」が国連総会で採択(一九五九年)され、子どもの権利をどう保障していくかが国際的な課題として位置づけられた。この「児童の権利に関する宣言」採択の三〇周年記念日の一九八九年十一月二十日、国連総会で「児童の権利に関する条約」が採択された。日本も翌年署名国となり、一九九四年「条約」を批准し、締約国となった。

八〇年代以降、いじめが世界で大きな社会問題となった背景は、被害の深刻さとともに、児童の人権への国際的な関心の高まりと無関係ではない。これらも私事化のポジティブな側面といえる。

ところが、私事化にはネガティブな側面もある。私生活への関心が高まるあまり、人々は社会や集団への関わりを弱め、私生活へと隠遁《いんとん》する傾向が強まった。その結果、公共性や他者に対して無関心になる傾向も現れている。また、自分を大切にするあまり、私益が突出し、公益が軽視される傾向も強まっている。このように、私事化は、ポジティブにもネガティブにも評価される面を備えている。

社会学者・作田《さくた》啓一は、戦後日本社会の価値意識の最大の転換が「献身価値」から「充足価値」への変化にあることを明らかにし、戦後の「解放感覚」には、二つの問題点があることを指摘している。一つは、戦後の解放感覚が、大衆化された消費感覚と癒着《ゆちゃく》し、もっぱら私生活の領域に限定されるようになったことである。もう一つは、解放感覚のなかで拡大した欲求に対して、その昇華の機能を果たす規範が無力化し、アノミックな充足価値がとめどなく肥大化していることとである。

デュルケムが、近代社会の個人主義化とともに現れる「欲求の無規制な昂揚とそれによって生じる無秩序な社会の状態」を「アノミー」と名付けたのも、また、鈴木広が私事化現象における「私」性の意識の本質を「快楽原則に準拠する自己愛であり、行動様式は充足、適応を志向する〈欲望主義〉」にあるとしたのも、いずれも「私」性のなかにある欲求の無際限な拡張に着目したものである。

丸山眞男の指摘

私事化は今のところ退潮する兆しはない。むしろ社会の近代化の不可逆な動向である。この私事化の概念を日本社会の近代化の分析に当てはめ、現代の日本社会が直面する問題を解くキーワードとして提起したのが、丸山眞男の「私化」論である。

図5-1　丸山眞男による「個人析出」のパターン

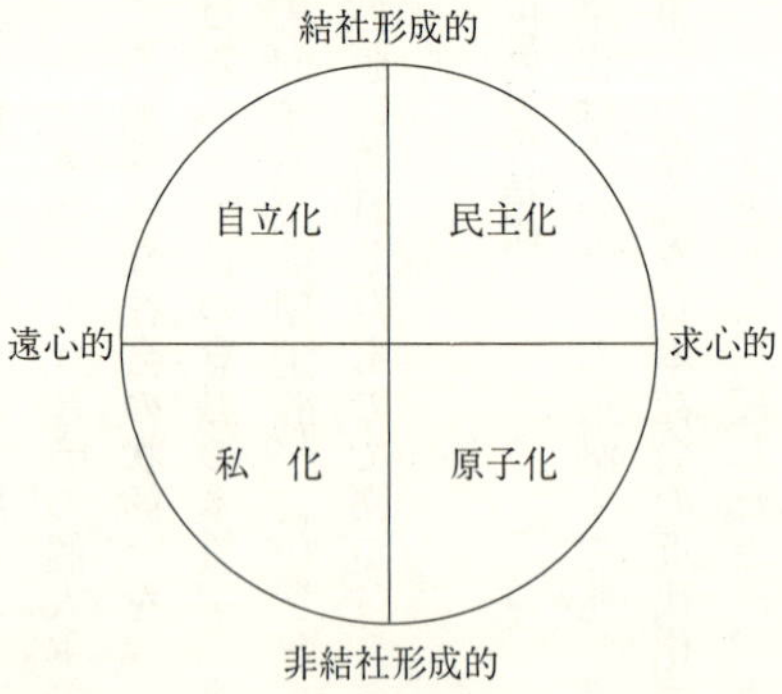

彼は、共同体の紐帯《ちゅうたい》から個人が解放されてゆく「個人析出」(individuation)のプロセスとして近代化を捉えた。「個人析出」のパターンとして、「自立化」(individualization)「民主化」(democratization)「私化」(privatization)「原子化」(atomization)の四つを抽出している(図5-1)。そして、このパターンが、個人が社会に対して抱く意識を規定するものとして位置づけている。

なかでも「私化」は、「原子化」とともに、人々の態度形成のパターンのなかでも、とりわけ人間関係の結びつきが弱く、集団への関わりも弱いことが特徴だと指摘する。そのため、このパターンをとる人々は、公共の目的より個人の私的欲求の充足を志向し、すすんで社会から後退し、自己の関心や生活世界の意味づけを「私的」な事柄に封じ込める傾向があるとされる。

丸山によれば、「私化」も「原子化」も、ともに公共の問題に無関心であるが、「原子化」は、生活環境の急激な変化による「根無草《ねなしぐさ》状態」からくる孤独・不安・恐怖・挫折《ざせつ》の感情によって特徴づけられる。

これに対して、「私化」した個人の無関心は、「原子化のそれのように浮動的ではなく」、また、「内的不安からの逃走というより、社会的実践からの隠遁」であり、「原子化した個人よりも心理的には安定しており、自立化した個人に接近する」。「私化した人間の隠退《いんたい》性向は社会制度の官僚制化が発展し、複雑化した社会・政治生活が彼を呑み込むのに対する自覚的な対応の現れであって」、そこから逃れるというよりは、自覚的に背を向けて自己の領域を築き上げ、そのなかで私的な欲求を充足させようとする、それなりの自立性がある態度形成のパターンと見なしている。

もとより、今日の日本社会における「私事化」が、丸山のいうように、厳密に「原子化」と区分される特徴を帯び、自覚的に決定された自立的な対応であるかどうかについては社会学者・宮島喬《たかし》が指摘するように検討を要するが、私事化という現象がネガティブな側面をもっていることは、たしかである。

私事化のパラドックス

私事化の動向が近代の所産であり、日本固有の現象ではないだけに、私事化の両価性についての指摘は、日本の研究者だけの論点ではない。ヨーロッパでは、近代個人主義批判として既に社会学、政治学の思潮のなかで古くから論じられてきた。

たとえば、トックビルは、早くも一九世紀の段階で、人々の私事化への営みが、社会の公共性を閑却し、相互の孤立を伴うこと、さらに自己利害が先鋭化すると、個人主義は利己主義へと転化し、社会の公共生活の諸徳を衰退させる可能性があることを示唆している。

社会学ではデュルケムが、「社会の統合が弱まるとそれに応じて個人も社会生活からひき離されざるをえないし、個人の特有の目的がもっぱら共同の目的に優越せざるをえなくなり、要するに個人の個性が集合体の個性以上のものとならざるをえない。個人の属している集団が弱まれば弱まるほど個人はそれに依存しなくなり、したがって、ますます自己自身のみに依拠し、私的関心に基づく行為準則以外の準則を認めなくなる」という命題を掲げた。彼は、個人主義の台頭に伴う私的欲求の解放が、一方では伝統から個人を解放し自立させるとともに、他方では飽くなきアノミー的な欲求の昂進《こうしん》状態を社会のなかに作り出すことを指摘している。

以来、社会学や政治学の領域では、個人主義や私事化現象に対して常に手放しの肯定ではなく、シニカルなスタンスをとってきている。これは私事化の動向のヤヌス的側面への配慮からである。

社会の近代化は、一面では社会の安定と経済の繁栄をもたらし、人々に豊かな生活を作り出す可能性を与える。しかし、近代社会の歩みが、人と人との結びつきを希薄なものとし、集団や社会の共同空間へのつながりを弱める方向に作用してきたことも事実である。それは文明化や社会の近代化のパラドックスでもある。

人間の精神史は、このパラドックスへの挑戦でもあった。教育はその実践の一つである。不可逆だとしても、私事化にはポジティブな側面もある。たしかに、いじめをはじめとする子どもたちの問題は、私事化の歪みを背景に生成されているが、丸山が指摘しているように、近代化に伴う個人化の流れは、民主化や自立化への契機も胚胎《はいたい》している。今、私たちに求められていることは、この私事化のポジティブな側面を最大化しつつ、共同性に開かれた個人を育成することによってネガティブな側面を最小化し、日本社会を成熟させていくことである。

現実の社会は、私事化へ一直線に向かっていくわけではない。社会学者・鈴木広は、私事化の動向は、個人化の度合いを強めていく方向と、再び共同体や集団に組み込もうとする全体化の方向との拮抗《きっこう》関係のなかで考えるべきであると問題提起している。現実の社会は、鈴木のいうように、「個人化―全体化」「私事化―公事化」のダイナミックスのなかで螺旋状《らせんじょう》に進行し、このスパイラルのベクトルが私事化へと向かっている、とするのが妥当な見方であろう。

現代の日本社会において、私事化は個人化を推し進め、全体社会や集団のなかに埋もれていた個々人の顔に表情をもたせ、その姿を露わにすることとなった。しかし一方では、自立した主体形成へと進まず、再び全体社会や集団のなかに搦《から》め取られていくという皮肉な結果を人々にもたらしてもいる。いじめ問題は、私たちにそのことを物語ってくれている。

2　新しい課題

リスクヘッジの個人化

私事化社会は、共同体の側から見れば、社会学者・片桐雅隆がいうように、かつてのように個々の構成員を共同体へと引きつけることができなくなった現象として現れる。これを個人の側から見れば、人々が共同体にもはや意味を見出さなくなっていく現象として捉えることができる。

共同体のなかでも私事化の影響力を強く受けたのは中間集団である。中間集団とは、全体社会と個人との間にあって、両者を結びつける媒介項となる集団である。親族や地域集団あるいは労働組合なども中間集団である。これらの集団は個人に対してさまざまな働きをしており、なかでも重要なのが、リスクヘッジ（危険回避）機能である。私たちは社会生活を送るうえで解決困難な課題に直面することがある。そのようなときに、私たちを支え、防波堤《ぼうはてい》の役割を果たすのが中間集団である。

　しかし、中間集団が防波堤の役割を果たすことができなくなり、人々への求心力も弱まるにつれて、人々は自分の力でリスクを察知し、降りかかる被害に独力で対処しなければならなくなっている。共同体の呪縛から解放され、自由を得たかに見える個人ではあるが、つながりは弱まり、孤立は深まっている。私事化社会の舵《かじ》の切り方によって、私たちは「自らの安全は自らで守るしかない社会」への移行を受け入れざるをえない事態も到来しよう。

「リスクヘッジの個人化」は、大人社会も子ども社会も同様に進んでいる。そこから脱却するためには、従来型の中間集団を活用するにしても、あるいは新たな中間集団を構築するにしても、新たな共同性の基盤をどのように社会に埋め込み、新たなセーフティネットを築いていくかが、大きな課題だろう。

社会的排除の問題

　一九八〇年代以降、欧米をはじめとした経済先進国の間で、福祉国家の破綻《はたん》が問題となった。日本では、バブル経済の破綻した九〇年代以降、この問題への認識が広がった。国家財政の累積赤字や債務超過は、この問題の大きな背景である。国民との契約関係で成り立っている国家が、これまでのように国民に対して福祉や安寧を保障しえなくなったことは大きい。しかし、問題はそれだけではない。資本や情報、人材などのグローバル化は、各国の仕組みを変え、国民生活にも大きな影響を与えている。九〇年代から今世紀にかけての日本社会の構造改革や規制緩和は、国内経済の活性化を図るとともに、グローバル化する国際社会に対応しようとするものでもあった。

これらの変革は一定の効果を生み出すものの、新たな社会問題も生み出す。たとえば、雇用面での規制緩和により、非正規雇用が大幅に取り入れられ、新たな労務管理上の問題や保険・年金などの社会保障上の問題が発生している。また、ニートやワーキングプアといわれる新たな貧困問題も露呈している。「小さな政府」への移行に伴って、都市と地方の格差も広がり、地域経済や住民の生活に少なからぬ影響も与えている。

これらの新たな問題群について、従来の福祉政策だけでは明らかに限界があり、新たな社会的方策を必要としている。EU諸国では、公的なサービスが対象としてこなかった「新たな貧困」や「新自由主義」がもたらした問題を「新たなる社会的排除の問題」と位置づけ、積極的に取り組んでいる。

また、家族や社会的なネットワークから切断され、孤立していく人々を「社会的排除」という視点から捉え直している。社会的排除の背景には、政治や経済の構造的な変動とともに、私事化社会のなかでの共同性の揺らぎが大きく横たわっている。職業や住居、社会的なネットワーク、あるいは住民票や地域住民組織へのメンバーシップ（成員性）などの面で、何らかの社会的なポジションを得ていない人々や、制度の外に放置されている人々を対象に政策を立案している。

子どもたちや若者の問題としては、「いじめ」「児童虐待」「心身にわたる障がい」「不登校」「ひきこもり」「高校中退」「ニート」「貧困」「単親家庭」「教育や文化資源などの地域間格差」「外国人」「アルコール・薬物中毒」「犯罪・非行歴」などが、具体的な社会的排除問題として挙げられよう。

こうした社会的排除に対して、EU諸国は「ソーシャル・インクルージョン（社会的包摂）」という政策理念を打ち出している。そこでは、「市民権」の回復を中核に据え、その基盤に「人権の尊重」「社会的存在としての自立と社会参画」という理念を据えている。簡潔に表現すれば、切断された「社会的なつながり」（ソーシャル・ボンド）の修復と自立を目指す方策ともいえよう。

そのためには、国家や地方公共団体が、垂直的な「官依存型」の統治機構に問題を抱え込んでいては、対応できない。そもそも、冒頭に述べたように、国家財政の赤字の解消のために、国民が抱える問題の解決のための予算も縮小せざるをえない状況にある。加えて、市民のニーズは、ますます多様化・高度化している。社会的排除の問題も、昨今の変動のなかで、相互に関連しながら複雑化している。行政がそうした個別のニーズにまで及ぶ、きめ細かいサービスを実施することは不可能に近い。従来のガバナンスのありようは、早晩変わらざるをえない状況にある。そして、その兆しは既に現れてきている。

新たな公共性の構築

従来の社会問題への対応であっても、新たな社会的排除への対応であっても、あるいは人々の生活の質をよりいっそう高める施策であっても、これらの実現には、行政と民間団体や組織、市民との連携が必要となってきている。

それは「公」が担いきれない問題があると自覚することでもある。これまでの官主導・官依存の「タテのガバナンス」から脱し、市民や民間団体が「官」の補完体ではなく、新たな「公共性」領域の担い手となることが求められる。

その際、市民はこれまでのように、「公」に「私」として依存する「タテ」の関係に位置するのではない。「公」に対して、単なるサービスの受け手でもなければ、制度の枠に収まらないからと切り捨てられる存在でもない。これからの社会では、「私」は「公」と「ヨコ」の関係に並び立ち、ときには拮抗し、対立を含みつつ、協働して社会の公共性を形成する存在へと転換を図っていかなくてはならない。

その際、私事化の動向のなかで弛緩し、切断されたソーシャル・ボンドをつなぎ合わせる新たな担い手の存在が重要である。近年、日本社会にも公共性領域の担い手となる集団や組織が、新たな中間集団として現れてきている。

たとえば、NPO（非営利組織）やボランティアなどの「非営利セクター」が日本社会にも根付き、成果も現れている。ヨーロッパでは、社会的企業やコミュニティビジネス、ソーシャル・ファーム、社会的協同組合など、従来のボランティア組織だけでなく、公共的な目的をもったビジネスが多様に展開されている。これらは、「社会的経済」とも呼ばれ、ビジネスでありながら福祉的援助や地域経済の活性化、雇用の確保などの公共の利益に対して一定の役割を担う。また、新たな公共性の構築や社会的ビジネスの展開にあたって、ソーシャル・キャピタル（社会関係資本）が注目されている背景にも、私事化社会の歪みがもたらす人々のつながりの解体がある。

新たな公共性の構築への模索は、大人社会だけにとどまるものではない。近年では、学校教育のなかでも始まっている。

いじめや暴力行為へのリスクを回避し、被害から身を守ってくれる学校社会の防波堤は、これまで教師や、友達などのインフォーマルな集団に期待されていた。とくに学校社会の公的な存在である教師への期待は大きかった。しかし、第2章で触れたように、「第三の波」を挟んだ前後の時期を境にして、日本でも校内のいじめ対策に変化が見られるようになってきた。

その一つは、第2章でも触れた、生徒会や児童会という子どもたちの自主的な活動を活用しながら、子どもたちの自浄作用を引き出そうとする試みである。教師との協働のなかで、学校という社会の公共性に関わる活動を担うことは、公共性の担い手を育成する試みとして評価できる。欧米の教育課程に埋め込まれている「シティズンシップ教育」にも通じる試みである。

私事化は、日本だけでなく、多くの経済先進国が直面している課題である。近年では、新たな対応として、「私的セクター」の活動の展開が試みられている。それは、欲望の肥大化や私権のアノミックな拡張という歪みに対して、リスクへの防波堤となる新たな中間集団の再構築の試みでもある。事実、EU諸国では、新自由主義のなかで分断されつつある人々のつながりを、「新たな公」や「新たな民」による公共性づくりのなかで再生する試みとして捉えられている。

このような官民協働による「新たな公共性」の構築は、これまでの日本社会における「タテのガバナンス」から「ヨコのガバナンス」を基軸とする「公―私関係」へと構造転換するものである。この構造転換を実現するには、シティズンシップについての考え方の転換を伴わなければならない。これまでの「タテのガバナンス」を基軸とした社会の市民権は、行政からサービスを受ける権利という側面が強調されてきた。しかし、「ヨコのガバナンス」に参画する主体へ転換しようとすれば、シティズンシップは、受益者権利と社会の構成員としての責任とが対になった概念へとシフトされなければならない。

日本の子どもたちのいじめの現実に潜む肥大化した欲求と私権の無秩序な拡張、自己愛と自己保身、他者への共感の欠如や無関心と相互不干渉、他者への無節操な同調過剰行動、共同性の欠如やつながりの希薄化などを考えるとき、これからの社会を担う子どもたちに対して、社会の構成員としての責任倫理をどのようにして培い、実践させていくかは日本の教育にとって重要な育成課題となる。

3　市民性教育

欧米の学校教育では、公に対して開かれた個人を育成するために、「市民性教育」と総称しうる教育が見直されている。国によって科目名は異なっているが、教育内容はおおむね共通している。その狙いを、これまでの研究を通覧してまとめると以下の通りである。

①国家、国家間に形成される共同体、地域社会などにおいて、
②児童生徒を、現在も、将来においても、社会を構成する成員として、
③法的にも政治的にも位置づけ、
④自ら、あるいは他者に対しても、基本的人権を有する主体としての自覚と行動の仕方を育み、
⑤社会を維持し、発展させ、人々の安寧と福利を向上させる「公共善」を図り、
⑥自らの幸福と自己実現を図りつつ、
⑦社会のなかで生きていくために必要な資質と能力、価値、スキルなどの「社会的なリテラシー」を培い、
⑧公共性の充実を図るための公的な制度や仕組みづくり、あるいは活動に自発的に関わっていく主体の確立を目指す。

これまで市民性教育は、広く人間性を培うための道徳教育の一つとして位置づけられてきた。しかし、一九九〇年代の終わり頃から、ヨーロッパでは、犯罪や非行、いじめ、暴力行為など、学校の荒れや社会秩序の弛緩《しかん》が進んだ。その結果、不登校や中退、ニートなど、学校から社会への移行に問題が生じ、社会とのつながりを見失う青少年が増加した。こうした状況を建て直すために、市民性教育が見直され、新たな教育プランが提唱されてきたのであ

る。

しかし、市民性教育は、学校内の問題に対応するためだけではない。前述した、社会的排除問題への対応も目的の一つである。

ここで注意すべきなのは、社会的排除の具体的な現れ方はさまざまで、字義通り社会からはじき飛ばされるものばかりではないことだ。「無関心」「無視」という状態のなかで「社会的に放置」されたり、「社会的に孤立」したり、「隔絶《かくぜつ》」されたりという現象も排除の現れとして押さえておく必要がある。傍観者のなかで進行するいじめも、このタイプに入る。また、本人の社会や集団へのコミットメントが欠如したり、社会的なアイデンティティを形成できず自ら周縁化したり社会的なつながりを断ち切っていく場合も、「自己排除」として排除の概念に含めて考えなければならない。

市民性教育は、社会的包摂の理念による政策を基盤から支え、国民国家の揺らぎを食い止め、社会秩序を安定させる効果が期待される。それは、排除された人々や排除への危機感を抱く広範な市民に、社会を担う意欲と責任をもたせ、社会的なつながりを再構築させる可能性をもつからである。

ヨーロッパを中心に、教育改革の柱として市民性教育が注目を集めている背景には、こうした民主主義と国家基盤の揺らぎへの危機感がある。また、国の枠組みを超え、ときには地球規模で発生する問題がグローバリゼーションの進展とともに深刻化しているという認識がある。「世界の政治・経済構造の急激な変化」「資源や金融資本をめぐる問題」「地球規模での環境問題の広がり」「局地戦争と文化や宗教による対立」「人種差別や政治的抑圧による人権の危機」……これらの問題解決にあたって、個々の国益を超克した協働体制の構築と解決への参画が不可欠となっている。この点でも、市民性教育の果たす役割への期待は大きい。

イギリスの例

D・オルヴェウスやP・K・スミスなどヨーロッパのいじめ研究者に、いじめ対応として、どのような教育をしているのか、また、その教育の目標は何かと尋ねると、彼らは「詰まるところは市民性教育だ」という。いじめは日常の生活世界で起きている。したがって、いじめに歯止めをかけるには、抑止力を日常生活に埋め込んで自浄作用を図ることが不可欠であり、それを市民性教育に委ねているのだ。

それでは、ヨーロッパの国々、なかでも市民性教育に重点を置いているイギリス、フランス、ドイツでは、これをどのように実施しているのであろうか。近年の状況を調査した武藤孝典《たかすけ》・新井浅浩《あさひろ》らの優れた研究や国立教育政策研究所による多くの専門家の参画を得て実施された教科の目標・内容構成にまでわたる調査研究に沿いつつ、以下に概観しておく。

武藤によれば、「イギリスでは、一九八〇年代終わりから市民性教育についてすでに語られていた」が、ブレア政権の下で、その導入が明確となり、「二〇〇二年よりイングランドの中等学校では科目『シティズンシップ』が義務化された。クリック委員会による市民性教育に関する報告書（一九九八年）が公にされたのを受けてのことであった」。

また、これに先立って、一九八九～九〇年には、イギリス全土でパーソナル・ソーシャル・エデュケーション（ＰＳＥ）構想が打ち出されている（現在では、性教育など健康教育を強調するために健康（health）のＨを入れ、ＰＳＨＥと称されている）。このカリキュラムは、人格と社会性と、健康で安全なライフスタイル形成を目標とする。具体的には、児童・生徒の自己肯定感や責任感の育成、自立の精神など「自己の確立」と他者への配慮や畏《い》敬《けい》の念、あるいは人との違いを尊重することなど、「他者との良い関わり」を培うことを柱とした内容となっている。「反いじめのための学校の方針への参画」もＰＳＨＥの学習内容として明示されている。

新井浅浩によれば、特設科目「シティズンシップ」は、このＰＳＨＥの実践をベースとし、市民性教育、経済教育、キャリア教育、環境教育、健康教育の五つのテーマからなる、教科を横断的にまたがったものである。したがって、他教科との融合はいうまでもなく、教科以外でも、学級担任が生徒指導や教育相談あるいは学級づくりなどを指導する「チュートリアル」の時間のほか、特別活動や体験活動にもわたって幅広く展開されている。就学前から中等教育以降に至るまで、発達段階に合わせながら一貫して行われる。なお、イギリスでは価値教育としての宗教教育も必修で、市民性教育と連動している。

フランスの例

フランスの状況はどうだろうか。武藤らは、市民性教育を学校生活の全体を通して行う教育活動として導入した経緯を次のように述べている。

フランスでは、一九八五年のカリキュラム改訂で、それまで教科の領域の外に位置づけられていた「公民教育」が教科として復活し、「責任ある市民となるための知育を担う科目として重視されることになった。しかし、その後も続く、学校秩序の弛緩と学校の荒れの進行のもとで、一九九〇年代末からは、公民教育科とは別途に、それを基盤から支えるようにして新たに〝市民性の教育〟を実現することが提唱されるに至った。それは、市民性の教育を通して市民的自発性の育成を図るものである」。

ここでの市民的自発性とは、市民生活における問題を自分たちで解決する能力と責任と自律性に基づく、市民としての行動原理を意味するものと考えられている。

なおフランスでは、市民性教育について、学習指導要領に具体的な規定はない。しかし、九〇年代末の通達以降、市民性教育を教育課程に位置づけ、導入するよう推奨している。具体的には、市民性に関わる複数の教科を組み合わせて横断的に学習させ、加えて、教科外の活動も活用し、学校教育全体のなかで市民性教育を展開している。

国立教育政策研究所の調査報告によれば、イギリスでは特設時間「シティズンシップ」を設け、学習到達度評価を義務づけていたが、フランスでは、道徳を知識として教える従来の「公民」科を補完するものとして期待された。討論や生徒の身近な生活体験に基づく学習を重視するなど、従来の教育とは異なるアプローチを展開しようとしている。

なおフランスでは宗教教育を必修としていない。しかし、近年の青少年の心の荒れに対処するため、その必要性に触れた答申も出されている。

フランスでは、地域・階層・民族間の格差の拡大も深刻な社会問題として認識されており、これらへの対策を「社会的な排除への闘い」と位置づけ、法制化している。市民性教育は、こうした社会的排除の背景にある、相互尊重や社会的責任の観念の希薄化を再構築し、社会の連帯や統合を深める役割を期待されている。

教育学者の石堂常世はフランスの徳育を特徴づけ、「フランスは、子どもを〈大人にする〉教育を行う。生まれた子どもの成長をはかるということ以上に、〈啓発された（éclairé）市民〉を育成するという公民教育の原則がことあるごとに提唱される」と結論づけている。

ドイツの例

ドイツでは、伝統的に「宗教」「倫理」、あるいはこれらに「生活形成」を加えた「生活形成・倫理・宗教」の教科で道徳教育を行い、人格形成や社会性の育成を図っている。イギリスのような市民性教育に特化した科目は設けていないが、既存の教科に含まれている内容を横断的に学習させている。

また、前掲の武藤らの調査によれば、近年では、ドイツにおいても、市民性教育を指向する試みが始まっているという。たとえば「〝連邦・各州教育計画研究助成委員会〟による、モデル実験〝民主主義を学び、生きる〟が二〇〇二年から五年間計画で開始され、二〇〇四年には一三州において約二〇〇校の基礎学校、中等学校および職業学校がこれに参加している。プロジェクトの主たる目的は、授業と学校生活を民主主義的につくることを通して、青少年が市民社会に積極的に関与することを促進しようとするものである」。武藤は「このモデル実験は、将来的にまさにドイツにおける市民性教育の中核を形成することになるもの」と位置づけている。

これらのヨーロッパ各国の市民性教育への取り組みには、EUとEC（欧州委員会）の動向が大きく影響している。各国の取り組みに先立って、一九九七年、欧州評議会（Council of Europe）は宗教や民族などの多文化状況を克服し、戦争のない平和なヨーロッパを作り出すために、民主的市民教育（Education for Democratic Citizenship）を推進する活動を始めている。その後、ＥＵとＥＣでは、ＥＵの経済発展と結束力強化を目指す方向性を強く打ち出し、その一環として、共同体づくりに主体的に関わる市民の育成に力を注いでいる。

いじめや校内暴力については、二〇〇一年、欧州委員会とユネスコの支援によって第一回国際会議が開かれた。ＯＥＣＤでは、二〇〇五年度から教育プログラムを立ち上げ、各国のいじめや暴力について研究を進め、情報交換に努めている。

これらの国際的な動きには、いじめや暴力を学校だけの問題ではなく、世界やＥＵ域内、あるいは各国の社会秩序と平和と安全に関わる問題として捉える姿勢が見られる。ヨーロッパの国々が市民性教育を導入してきたのは、現代が抱える問題の解決を根底から支えることが期待されるからである。

日本の市民性教育

日本で、「市民性教育」とはあまり馴染みのある言葉ではない。しかし、これまでの学校教育が全く取り組んでなかったわけではない。

「生活科」や「社会科」、あるいは中学の「公民科」には、市民性に関わる内容が多く含まれている。また、一九五八年に特設され、現在に受け継がれている「道徳の時間」も関わるところが大きい。環境学習や国際教育、地域への奉仕活動などの「総合的学習」でも部分的に取り組まれている。

しかし、これらは体験的な学習も組み合わされてはいるものの、知識教育に傾斜していた。とりわけ「道徳の時間」については、特設以来、イデオロギー的な反対があったり、教師の側に価値を教えることへの罪障感が見られたり、指導の難しさがあるなどの理由で、十分に行われてこなかった。

ホームルーム活動、児童会・生徒会活動、学校行事、クラブ活動などの特別活動にも市民性教育に関わる内容が含まれている。しかし、日本では、これらの活動を市民性教育の一角を担うものとして位置づけてこなかった。

生徒指導（生活指導ということもある）は、大別して二つの教育的な機能を果たしてきた。一つは、子どもたちが、公共の精神を培い、社会を担い、自己実現を図りながら、自分の幸福と社会の発展を追求する大人として成長するよう支援することである。市民性教育といってもよい。もう一つは、子どもたちの成長・発達を阻害し、学校の学習環境を脅かす問題行動に対応する働きである。

本来、生徒指導にはこれら二つの働きが期待されていた。しかし、いじめ、暴力行為、不登校などが深刻になったため、生徒指導の担当教員は、後者の対応に追われがちとなり、もう一つの機能である市民性教育には着手できなかった。

最近では、市民性教育を積極的に取り入れる試みも現れてきた。「市民性教育副読本」を作成した沖縄県や、教育委員会が「市民性を育てる教育」を推進している和歌山県のようなケースもある。二〇〇六年、東京都の品川区は、小・中学校で「市民科」を開設している。それでも、前述したＥＵ諸国に比べると、日本では、市民性教育の包括的なプログラムは十分整っていない。

しかし、各教科に市民性教育に相当する内容が含まれていることもたしかである。したがって、まず各教科に含まれている「市民性」に関する内容を「市民性教育」として統合する必要がある。その際に注意すべきなのは、イギリスのように特別な科目を設ける以外の方法もあるということだ。フランスのように、既存の「公民教育」と融合させつつ、学校の教育活動全体でアプローチする方法もある。イギリスでも、こうした全面的アプローチを併用している。

また、日本では、従来の科目を活用するとなると、どうしても座学に陥りがちになる。しかし、市民性教育では実践力が求められる。そのためには、よりよい学校や地域を目指した実践的な活動へ参加する機会も必要となる。

最後に、市民性教育では、子どもたちの自己を確立させるだけでなく、対立への調整能力も大切である。ヨーロッパで市民性教育が導入されてきた経緯からも明らかなように、私たちが共存共栄を図るためには、違いを認めつつ、対立する利害を調整し、止揚《しよう》する力が必要となる。

ソーシャル・ボンドという前提

いくら市民教育が現代社会の抱える問題の解決に不可欠で、国が推し進めようとしても、市民たるべき国民が、国家や共同体にアイデンティティをもつことができず、自己の利益に汲々とするならば、市民教育は形骸化《けいがいか》するだけである。この前提条件となる「共同性へのつながりの意識」を「ソーシャル・ボンド」という。

日本でも市民性教育の重要性が認識され始めている背景には、ヨーロッパと同じように共同性が揺らぎ、そこから派生する社会問題に直面している現実がある。それは、「私事化」による歪みを踏まえ、バランスをとるために「全体化」の方向へと再び舵を切ろうとしていることを意味する。

もちろん全体化へ舵を切るといっても、一路全体化へと歩みを進めるものではない。「私事化―全体化」のダイナミックスのなかで、大局的にそのベクトルの行く先を見れば、やはり私事化への道筋を螺旋状に進むことになるだろう。もはや時計の針を元に戻すことはできない。人々は、私事化の流れのなかで、世間のしがらみから解放され、個人の幸福を求め、伸びやかに自由に生きることを知ってしまった。それは私事化社会のポジティブな側面でもあった。とすれば、私事化社会のメリットを最大限に活かしつつ、露呈する歪みを是正するために、「全体化」で解決策を模索するしかない。

また、私事化の流れを経験した社会が、スタビライザーとして全体化の要素を取り入れようとするとき、集団や社会の個人に対する拘束力・吸引力は以前にも増して弱まっていることを考慮に入れなければならない。ソーシャル・ボンドは人を社会へと参画させる「つながりの糸」であって、個人を強制的に引っ張っていく「鎖」になっては、求心力は高まらない。むしろ、人々の側がソーシャル・ボンドに「意味」を見出せるかが大きい。自分にとって「意味のあるもの」という認識が「意味づけの糸」となり、人々を引きつけることだろう。私事化社会が「意味探求社会」といわれる所以である。

最終章となる次章では、このソーシャル・ボンドという概念を軸に、いじめを止められる社会について、考えたい。

第6章

いじめを止められる社会へ

1　子どもと学校をつなぐ糸

ソーシャル・ボンド理論

子どもたちの場合、学校との間に紡《つむ》がれるソーシャル・ボンドは、学校への「意味づけ」の束からなる。一本の糸だけではない。

たとえば、「自分の通う学校の伝統を誇りに感じている」「所属するクラブが好きで頑張り甲斐がある」「気軽に話せる友達がいる」「クラスの雰囲気が大好きだ」「給食のおばさんが親切で自分たちのことを大事に思ってくれる」「英語は自分の将来の役に立ちそうだ」「理科の実験は面白い」……など、学校という社会的な場に投げかける、意味づけの束からなっている。

この束が細いほど、子どもと学校とのつながりは弱く、問題行動が生まれやすくなる。逆に太いほど、学校への結びつきは強くなり、問題行動は発現しにくくなる。ソーシャル・ボンドは、問題行動を抑止する力を秘めている。

アメリカの犯罪社会学者T・ハーシは、ソーシャル・ボンドのこうした働きに着目して、犯罪や非行の発生を実証的に明らかにした。彼の「ソーシャル・ボンド理論」は、欧米でも日本でもさまざまな角度から検証され、とくに軽微な非行に説明力の高い理論として評価されている。また、犯罪や非行以外の問題行動についても説明力をもつとされている。

ハーシは、糸の束の要素として「愛着（attachment）」「投企《とうき》（commitment）」「巻き込み（involvement）」「規範の正当性への信念（belief）」を挙げている。

ソーシャル・ボンド理論が、今なお有効な理論とされている理由は、これまでの発想を逆転させ、説明力を高めたことにある。これまでの逸脱行動論では、特定の少年が「なぜ規範を破るのか」という問いを立て、その答えを求めようとしてきた。これに対して、ソーシャル・ボンド理論は、特定の少年が「なぜ規範を守ろうとするのか」という問いに応えようとした。物理学に喩えれば、従来の理論が日常世界から外れていく力、つまり「斥力《せきりょく》」に着目していたのに対して、ソーシャル・ボンド理論は、日常世界のなかにとどまろうとする力、つまり「引力」に着目するところに特徴がある。

この理論によれば、逸脱行動は、規範に支えられた日常的生活世界への引力が弱まることによって起きる現象として説明される。そのため、私たちが規範を守るために必要な日常生活の要素は何かを明らかにすることとなり、有効な対応策を提供するのである。

いじめに当てはめれば、ソーシャル・ボンド理論によって、いじめる子、いじめられる子、さらに傍観者、仲裁者までも含めた子どもたちの日常のなかで、規範的な秩序がどのようにして保たれ、いじめがコントロールされるのかを明らかにできる。単なる現象の説明にとどまることなく、いじめを抑止するための実践的な方法論への道を開く理論ともなりうる。

ソーシャル・ボンドを構成する要素は、人々を社会や集団へとつなげ、社会を編み上げていく契機を作り出している。市民性を根付かせるための不可欠な要素である。いじめに関していえば、子どもたちが、安心して通える楽しい学校づくりへと参画するための基盤となる意欲や責任感を醸成する。

ソーシャル・ボンドの強弱は、学級のまとまり、子どもたちの一体感、規範の内面化、集団の秩序の安定化などにも影響する。これらは学校や学級の雰囲気、子どもたちの学校生活の楽しさや安全・安心感につながり、個々の子どもたちの自己実現をも左右する。

私事化という変化のなかで、現代の日本社会の組織が、今までのようにメンバーに対する吸引力を保つには、ソーシャル・ボンドを強める必要がある。その意味では、ソーシャル・ボンドは私事化社会の安定を図るスタビライザーとしての役割を果たす。

以下、順次、ソーシャル・ボンドの要素について説明していこう。これらの要素は、私事化する現代の日本社会のなかで、学校が子どもたちにとって魅力ある教育の場となる道筋を示唆してくれる。それは、子どもたちを学校へとつなげていく方策でもある。

ソーシャル・ボンドの働きは、それだけにとどまらない。子どもたちが学校というミニチュア社会とつながることで、一人前の大人として社会へとつながり、豊かな人生を送る能力を培う契機を得る助けとなる。また、ソーシャル・ボンドは、私事化により、個人がリスクを引き受けざるをえない状況にあって、公共性を再構築する方途を示唆するものでもある。

愛着

愛着は、ソーシャル・ボンドのなかでも情動的な意味づけの糸である。通常、愛着とは自分の周りの人々への情動的な感情と、そこに形成されるつながりを意味する。子どもたちの場合、学校のなかの友達や教職員が対象となる。なかでも、友達とのつながりは、きわめて太い糸となる。それだけに、このつながりに亀裂が生じれば、問題が発生することにもなる。いじめもその一つであるが、不登校や暴力行為も招きかねない。

また、ソーシャル・ボンド理論では、所属集団も愛着の対象として考える。人は誰しも、程度の差はあるものの、所属する集団に愛着の情を抱くものである。この感情をW・G・サムナーは「内集団感情」と呼び、自分が所属していない集団に対して抱く競争心や敵意を「外集団感情」と呼んでいる。私たちの日常生活では、「内集団感情」は、母校愛、愛社精神、郷土愛、民族愛などの形で現れ、学閥意識や排外的なナショナリズムを生み出すこともある。これらの愛着によるつながりは、成員間の連帯や結束を高め、ときには献身的な行動さえ引き出す。

愛着の感情は、メンバーのアイデンティティを形成し、所属していることに誇りを感じさせる源泉ともなる。そのため、学校の伝統を強調したり、傑出した卒業生を輩出していることを取り上げたり、子どもたちの成果を発掘するなどの方策を講じている学校もある。

投企

投企（コミットメント）は、自分の関わっている社会的な場に対して、本人なりの合理的な判断を行い、その規範や役割に従うかどうか、あるいは集団そのものにとどまるかどうかを選択するものである。愛着が情動的なつながりの糸を形成するのに対して、理性的なつながりといえる。コミットメントを「投企」と訳しているのは、自分を社会的な場の求めに応じて沿わせるかどうかに「賭ける行動」によって作られるつながりだからである。

ここでは、いじめに関連して重要な役割を果たすコミットメントの対象について取り上げる。

①規範への同調を介した社会とのつながり　規範に同調するか・逸脱するかを選ぶ場合、その人なりのコスト＝ベネフィットが想定されている。善くない行動だと知りながらいじめに走るのは、いじめによって得られるものと失うものとのバランスを秤量《ひょうりょう》し、前者が勝っている

と判断した結果である。逸脱をコントロールする場合、しばしば社会的な監視を強めたり、重罰化を図ったりする方策が講じられるのは、コスト感覚に訴えるためである。それでも悪が見逃され、ベネフィットが現実のものとなったとき、逸脱への賭けは報われる。犯罪ならば累犯化へ、いじめならば常習化へとエスカレートしていくだろう。

周りからのネガティブな反作用がいじめの抑止に重要な役割を果たすのも、コストに影響を及ぼすからである。しかし、いじめの加害者が周りの子どもたちとの間に愛着の絆を形成していなければ、周りからの抑止力は有効なものとはならない。

また、周りで見ている子どもたちが対応を選択する過程にも「投企」のメカニズムが働いている。今の子どもたちは場の雰囲気に過剰に反応するといわれている。彼らの行動の準拠点を目の前の状況や仲間との関係から超越させ、社会的な正義の実現といった高みへと、どのようにして引き上げていくかは、市民性教育の大きな課題である。

②ニーズの実現の見込みを介した社会とのつながり　学校という場が自分のニーズを叶えてくれる場であるかどうかの秤量も、コミットメントのつながりを形成する契機となる。困ったときに誰か支えてくれる人がいる、学校で学ぶことが役立っている、将来の夢を育んでくれる、楽しい場となっている。こうした思いがあれば、学校生活にもベネフィットがあるという判断につながる。

しかし、学校生活は常にニーズが叶えられるばかりではない。そのようなとき、我慢するに足るものがあれば、人は耐えられる。近頃の子どもたちは我慢することを知らないといわれている。しかし、その結論を出す前に、私たちは学校という場が子どもたちに対して我慢するに足るものを提供できている場であるか、問う必要がある。その一つがニーズの実現への見込みである。その可能性が見込めるとすれば、秤はベネフィットに大きく振れ、ソーシャル・ボンドの糸の束は太くて強いものとなる。

③社会的役割を介した社会とのつながり　社会的な役割に就くことも、大切な契機となる。集団には、メンバーが遂行すべき役割が必ず埋め込まれている。役割によっては、機能しなければ、集団の存続すら危うくする。それほど集団にとって、役割は不可欠である。

メンバーから見れば、役割に就くことによって、所属している社会や集団とつながることができる。メンバーであるだけでも、その人には義務と権利が割り当てられている点で、役割に就いているといえる。「市民性」も国家や社会の枠組みのなかでのメンバーシップであり、市民としての役割を担うことである。

また、社会的役割は、人間が他者と交わり、社会をなしていくには不可欠である。それは、役割が人と社会との接点にあって、人と社会をつなぐ働きをしているからである。社会の側は、役割を通じて社会からの要求や期待を注ぎ込む。人は、役割を通じて自らの欲求を果たそうとする。

本来、人間が示す「社会性」とは、役割に就くことによって社会に参画し、社会の発展と個々の幸福の実現を図っていくことのできる能力と捉えられる。

それでは、「社会性」とは、どのような内容からなり、何を理解させ、修得させれば良いのか、ここで簡単に整理しておこう。教育社会学者の門脇厚司は、「社会性」の内容を、「社会力」の育成という観点に立ってまとめている。門脇の整理を参考にしつつ、「市民性」の育成という観点から捉え直すと、以下のような育成ポイントになる。

a　社会を構成する一員としての自覚
b　集団における自己のあり方についての理解
c　対人関係における自己のあり方についての理解
d　社会や集団、あるいは関係のなかに埋め込まれている「社会的役割」について認識するとともに、
e　自己に割り当てられている役割を適切に遂行する能力と資質を備え、
f　自己を取り巻く状況や場について理解し、
g　自己の尊厳と他者の尊厳について理解し尊重できること、
h　自己の利害や主張と他者の利害や主張を調整する力を培い、

i　自己の行為の結果について顧慮できること、
j　自己の行為について責任をもつことができること。

これらは、社会や集団に所属すれば、構成員として求められる意識や行動からなっている。a〜cは構成員としての成員性に伴う一般的な「役割自認」に関するものであり、dとeは、割り当てられた個々の役割と権限・責任についての「役割資格」「役割定義」の認識に関係する事柄であり、f〜jは実際の「役割遂行」に伴う事項であり、とくにiとjは行為責任や義務に関するものである。

学校教育のなかでも、社会的な役割を担い、これを遂行する能力の重要性については認識されており、新学習指導要領の「道徳」のなかでも、役割についての教育を重要な柱として位置づけている。小学校の低学年では家庭でのお手伝いから始まり、高学年では、身近な集団への参加と役割の自覚を促し、協力して責任を果たすことへと発展させ、中学校では、自己の役割と責任を自覚しつつ集団生活の向上や公徳心・社会連帯の自覚を高め、よりよい社会の実現に努める価値や態度の育成へと展開されている。

児童・生徒は、身近な生活のなかで、社会的な役割を自覚して遂行することで、達成感を実感し、自尊感情や社会的有用感を育むことができる。また、それにとどまらず、社会のなかで自己実現する意欲を高め、構成員として自発的に行動する主体を育成するための重要な場となる。

巻き込み

巻き込み（インボルブメント）は、自己実現を見出せたり、自分のニーズを充足させるものがあるかどうかによって、つながりが強まるという性質に着目したものである。「コンサマトリーな行動」とも呼ばれ、直訳すれば消費的行動となる。今の欲求を抑制し、目標に対して合理的に行動する「インストルメンタルな行動」（手段的行動）と対置されて用いられ、「即時達成的」な行動とも訳されている。

私事化社会とは、欲求に素直な行動が優勢となる社会であるだけに、この要素は、現代社会におけるソーシャル・ボンドの形成において無視できない。今の子どもたちは、明日に備えて今日の辛さを耐えることを避け、今が楽しいかどうかに関心が強い傾向が見られる。

インボルブメントとは、学校社会が提供する活動のなかに、自分なりの充実感を見出させ、時間やエネルギーを投入させることによって、ソーシャル・ボンドを形成することである。具体的には、授業のなかで学習意欲を引き出したり、体験活動を通じて達成感をもたせたり、褒めることによって自己肯定感を築くことによって、学校社会へのソーシャル・ボンドを取り付けていく。

なお、「潜在的な活動領域」を活用することも大切である。通常の教科では、子どもたちの学力を最大限引き上げることを主な課題とする。そのため、フラストレーションが蓄積することはどうしても避けられない。子どもたちだけでなく教師にも蓄積する。集団は、こうした事態に備えて、成員のストレスを発散させたり、情緒を安定させる活動を組み込んでいる。「潜在的な活動」を比較的多く含んでいるのは、休み時間・放課後、遠足・体育祭・文化祭などの特別活動などのように、一見すれば遊びや無駄な活動、効率的ではない活動のように見受けられるにもかかわらず、実際には、集団のメンバーの精神状態や人間関係を安定化させる働きをもつ。企業であれば、終業後、同僚や上司と暖簾《のれん》をくぐっての一杯や課や係の懇親会などもこれにあたる。この潜在的な活動が集団としてうまく作動しなければ、問題行動が現れてくる。このように、潜在的な活動はソーシャル・ボンドを強化する働きをもっている。

規範の正当性への信念

規範は、メンバーに対して、これを守らなければならないという道徳的な義務の感情を引き起こすと考えられがちであるが、規範が存在するだけではこの感情は湧いてこない。規範を守ることが集団や自分たちにとって大切なことだと認識されて初めて、メンバーを遵法的な世界につなぎ止め、集団の秩序を維持できる。規範の正当性への信念（ビリーフ）とは、こうした感情を抱くことをいう。この感情を取り付けることに失敗すれば、罰への脅威に依拠しなければならなくなる。もちろん罰への恐れによってソーシャル・ボンドをつなぎ止めることはできるが、その場合、監視者がいなければ規範は侵犯されやすく、きわめて脆弱となる。

なお、ビリーフの強弱は、規範の管理・運用のあり方にも影響される。たとえば、いじめに対して教師や校長がきっちりと対応せず、学級経営のなかでも正義が保たれていなければ、子どもたちのビリーフは弱く、学級の雰囲気は悪くなり、いじめや暴力が横行する。

前述したように、私たちの調査では、いじめの発生率の高い学級では、正直者が馬鹿を見るような空気が教室に漂っていたり、教師によるえこひいきなど公平を欠く学級運営が行われていたり、教師が子どもたちに迎合する態度が見られるなどの傾向が強いことが分かっている。また、指導のブレをなくすことも大切である。とくにいじめについては、外からは被害の実情が分かりづらく、人によって解釈の幅が出やすい。教員の間で共通理解を図ることが大切となる。

以上、子どもたちと学校とのつながりの糸を構成する主要な要素を概観してきた。各要素は、たとえば友達への愛着のように、一本でも太い糸となるものもある。しかし、通常は、各要素が束となり、相互に絡まることで強化し合う関係にある。そして、ソーシャル・ボンドの太さが、いじめなどの問題行動の発生を減らし、被害を受けている子どもがいたとしても、その孤立感を和らげる。また、ソーシャル・ボンドは子どもたちの「社会性」の発達にも大きな影響を与える。

2　柔らかな行為責任

取り巻く人々の関わり方によって、いじめの状況が変化することは、既述の通りである。これは、いじめの場に居合わせたすべての子どもたちの言動が、いじめの生成と展開に何らかの影響を与えていること、そして、すべての子どもたちが行為責任を分有していることを意味している。

しかし、役割とは異なり、その責務を果たすかどうかは、あくまでも自発的な主体性に委ねられている。責務を果たさなくとも、とくに制裁が及ぶものではない。もし、その責務を担うものが誰もいなければ、集団の活動に支障が出る。このような責務は、「柔らかな行為責任」と呼びうるものである。

私事化の動向は、ともすれば他者への無関心を生み出す傾向が強く、公共性を担う市民意識の形成と社会参画の促進を阻害しがちである。それに対して、コミュニティサービスやボランティア活動は、まさにこの「柔らかな行為責任」に基づく活動であり、教育改革国民会議が二〇〇〇年に出した報告書では、これらの活動を積極的に推進する方策を提唱している。

しかし、コミュニティサービスやボランティア活動に対する考え方が、日本社会ではしっかりと根付いていない。ここで少し整理しておこう。

海外の国々のコミュニティサービスやボランティア活動を概観してみると、その活動は、強固な土台に支えられた二階建ての構造からなる建物に喩えることができる。

建物の土台は、社会や集団から割り当てられた社会的役割からなる。土台になぞらえたのは、人が社会的役割を果たしていくことが、その人の社会との接点となり、社会性の基礎を形成するからである。その意味で、地上部分のボランティア活動よりも基本的で不可欠なものである。

建物の一階は、「ソーシャル・サービス」と呼びうる部分である。私たちが、社会のメンバーとして公共の空間やサービスを利用していれば、割り当てられた役割以外にも、やらなければならない仕事が数多くある。俗にいう「気働き」も、この領域に入る。これらのなかには、誰かが自発的にやればいい仕事や、行政が担う仕事として位置づけられているものも少なからずある。これらの仕事は、しなくても特段の咎《とが》めだてを受けることはない。

しかし、当該社会の共同生活の恩恵に浴している者として自主的に参画することを、ここではソーシャル・サービスと呼んでいる。これらの役割は、市民としての責務ではあるが、強制力はなく、個人の自発的な意思に基づく「柔らかな行為責任」の発生する場といえる。

これに対して、建物の二階部分は、私たちが使っている「ボランティア」という用語に最も近い活動である。行為責任は、ソーシャル・サービスよりも、もっと柔らかい。社会のメンバーとしての義務や責任に基づいている点は同じであるが、日頃受けているサービスや生活している集団と無関係な領域に対して、自発的に活動するものである。

日本では、「ボランティア」と「ソーシャル・サービス」を一括してボランティアと呼んでいることに問題がある。たとえば、子どもたちが通学路の美化活動に関わる。私たちは、これをボランティアと見なしがちである。だが、これらは厳密にいえば、ソーシャル・サービスと呼ぶべき活動である。

その背景には、「柔らかな行為責任」という考え方が明確に意識されていないことがある。説明したように、実際は、基幹部分にメンバーとして担う責任が位置し、その上にソーシャル・サービスが乗り、その上にボランティア活動が築かれている。もしも基幹部分で、役割に対する義務や責任の観念がしっかりと形成されていなければ、その上に乗っているソーシャル・サービスやボランティア活動に「柔らかな行為責任」が宿ることもない。

日本の子育て風土

国際比較調査を見ても、日本の子どもたちは、家庭のなかで特定の役割を負うことが圧倒的に少ない。家事を手伝うことも少なく、手伝えばお駄賃を要求する子どももいる。また、勉強することが、あたかも子どもの家庭での役割のように考えている親も多い。しかし、勉強は家族集団を営むための仕事ではない。

こうした日本の子育て風土のなかで、子どもたちは、家族といえども社会集団の一つであり、子どもといえども集団の一員としてしなければならない仕事があるのだ、という認識を育むことがおろそかになっている。家庭でも「柔らかな行為責任」の伴うソーシャル・サービスの領域やボランティア活動と呼びうる領域があり、これらが日常の義務的な役割の延長上にあることさえ理解する機会を失ってしまっている。

家庭は、人格のコアを形成する集団であるだけに、市民意識の基盤を幼い頃から体得させ、実践させていくにふさわしい。ただ、そうはいうものの、家庭のなかを見わたしてみると、子どもたちに担わせる役割は、ほとんどなくなってしまっている。

「集団を構成しているメンバーであるならば、引き受けなければならない仕事や役割があること」「それを引き受けることは、メンバーとしての義務と責任であること」「仕事や役割は与えられるだけでなく、自分で探して見つけ出すものもあること」「決められた仕事や役割だけでは集団の活動を維持できないこと」といった、集団のなかでの役割についての基本的な考え方は、以前は意識しないでも、家庭生活のなかで自然と身につけさせることができた。しかし、これらの社会化機能が家庭から失われている今日では、敢えて意図的に子どもたちの生活のなかに組み込む工夫をしなければならない。

このことは、今日の日本の学校教育では、子どもたちが家庭教育で学ぶべきことを身につけてきたと考え、それを前提にして教育を進められなくなったことを意味している。一方、学校での役割教育は、家庭以上に重要な働きをもっている。それは、学校は「社会のミニチュア」といわれるように、社会のなかの自己のあり方についての考え方を身につけ、一人前の社会人としての能力を培い、実践するための多様な学習資源を備えた場だからである。

新たな社会に向けて

今、社会は大きく変わろうとしている。さまざまな分野で、「公」から「私」へ比重がシフトしている。この変化の最大のポイントは、自分たちの生活を豊かにし、社会を成熟させていくための取り組みの主体は、これまでのように行政だけではないというところにある。

近年、共同性の再構築ともいえる動向として、NPO（非営利組織）やボランティア組織が注目されている。それは「公」だけで担いきれない問題があることを社会として自覚することであり、「官」は「抱え込み」をやめ、「民」は官依存から脱却し、新たな公共性を形成する構成要素へと転換していくことである。今日的な教育課題の一つは、子どもたちに、こうした新たな社会システムを担うことのできる資質を育み、社会づくりに参画する力を培うことである。

いじめの多くは、そもそも犯罪や非行などと異なり、日常生活のなかの私的責任領域で発生する人間関係のトラブルやルール違反、マナー違反に属する。したがって、本来は、その解決を警察や教育委員会などの外部の介入に委ねるべきではない。子どもたちが中心となり、教職員や保護者をも含めた、学校社会を構成している人々の自律的な判断と行動に、その責務を委ねるべきである。

その責務のなかでも、社会全体で醸成すべき、最も重要なものが、「柔らかな行為責任」である。いじめの場面でいえば、問題に関わるすべての人々が、問題の生成・展開・抑止に責務を負っていると認識することであり、その責務は、お互いが共同生活を営むメンバーであるという自覚に基づく。この自覚に立ちつつ、他のメンバーと協働して問題に対応することで、被害やリスクを抱えたメンバーを支え、共同生活の安寧と福利を図る。それは社会の共同性を担保する責務であり、構成員一人一人の市民性意識に根ざすものである。

私事化社会の進行のなかで、「公」と「私」、「官」と「民」とが協働しつつ、社会のガバナンスを確立していかなければならない。そのために、市民性意識の形成は必須であり、これからの社会を担う子どもたちを育む重要な教育課題である。

こうした社会づくりへ進まない限り、個人の幸福を脅かす事態への対応は、すべて個々人の手に委ねられるか、あるいは公的な介入に依存せざるをえなくなってしまうだろう。

私事化社会は、私事化と公事化、個人化と全体化のダイナミックスのなかで進行することは、これまでに説明してきた。しかし、もしも私たちが私的責任領域でその責務を担う人材を育成できなければ、私事化した社会の振り子は、その被害を回避するために、大きく公事化と全体化へと振れることにもなろう。そうなれば、ようやく確立しつつある個性や主体性の尊重という流れは、全体化の波に呑み込まれ、没個性化へと傾斜せざるをえなくなる。

そのとき、日本社会の公的な制度や仕組みによって、個々人が抱えるリスクや被害を回避することができず、人々の結びつきも希薄なままであれば、降りかかる被害は自分で守るしかない。国家財政の逼迫《ひっぱく》や福祉国家の揺らぎ、あるいはグローバリゼーションが進むなかでの市場原理や競争主義、新たなる排除や格差の問題などは、その予兆でもある。

いじめ問題は、社会全体から見れば、学校という一部で起きている問題に過ぎないかもしれない。しかし、それが子どもたちの世界で起きているがゆえに、また、子どもたちの成長に影を落とす問題であるだけに、これからの日本社会のあり方を見通す覗き穴となる。小さな覗き穴ではあるが、そこから広がる光景を通して、今、私たちは子どもたちに何を培い、社会をどのように築き上げていけばいいのかという道筋を気づかせてくれている。

あとがき

日本では、子どもたちのいじめが社会問題となって、すでに三〇年近くがたとうとしている。いじめに発生周期があるわけではないが、その間、ほぼ一〇年ごとに深刻な自殺事件が発生し、いじめ問題は大きな社会問題となり教育問題ともなってきた。

しかし、本書でみてきたように、人が人と関係を結び、集団を営み、社会を作っている限り、大人であっても子どもであっても、また、集団と集団の間であっても、社会と社会の間であっても、いじめは、力関係の場の力学のなかで影のように忍び寄る現象であり、これを根絶やしにすることは不可能に近い現象であることが分かってきた。

ところが、国の内外を問わず研究が重ねられるにつれて明らかになってきたのは、いじめが人間社会に遍く観察される現象だとしても、その被害の現れ方や深刻さは、人々の結びつきや支え合い、あるいは社会や集団のあり方によって異なってくることであった。いいかえれば、起きたいじめの被害を無化したり最小限に抑えることが可能だということである。

私事化は、もちろん日本固有の現象ではない。いじめ問題も、日本だけが深刻な状況ではない。本書で見てきたように、大きくは近代という流れのなかで、経済先進国のいずれの国も私事化という社会の変化に直面し、そこに負の側面として現れてくるさまざまな問題への対応に苦慮してきている。いじめ問題はその一つである。

表層で起きる現象への対応に限れば、カウンセリングの導入や相談体制の充実など、いずれの国でも同じ手法を用いている。それぞれの社会の教育のあり方や、社会構造と人々の意識の深層へと、問題の根を掘り下げていくと、社会によって異なった様相が浮かび上がってくる。大きくは社会の私事化の動向として一括りにできるとしても、私事化の現れ方とそこに胚胎する問題の様相が異なっている。

それは、同じように近代という道を辿りながらも、私事化の負の側面への対応のあり方が違うことによるものである。その違いを直視しつつ、日本社会の今日を位置づけ、問題の根にどう対応すべきか、私たちはどこへ向かうべきかを、いじめという社会問題を手がかりとして考えようとしたのが、本書の執筆の動機である。

ひるがえって私たちの社会のいじめ問題を振り返ってみると、第三の波の自殺事件や子どもたちの状況は、第一の波のそれらとまったく同じ光景であった。大勢の傍観者がいるなかで誰も止めに入ってくれずいじめがエスカレートし、屈辱感と悔しさを独りで引き受け限界に達して自らの命を絶っていった第一の波の鹿川君の状況は、第二の波の大河内君でも変わることはなかった。第三の波で亡くなった子どもたちも同様であった。

この三〇年の間、行政も学校も関係機関も、あるいは国民もマスメディアも、いじめに手をこまねいていたわけではない。むしろ限られた財源とマンパワーのなかで、それぞれにできることは、やり尽くしてきたといってよい。

しかし、打つ手を尽くしたとしても状況に大きな変化がない限り、私たちは対応の焦点が的を得たものであったかどうか、正鵠を得たものであったとしても対応が限界に達しているとすれば、異なった切り口からの対応策があるのかを見極めなければならない。

本書が、いじめとは何かを問い、現象の本質をえぐり出そうと努めてきたのも、また、それぞれの国の人々のいじめへの向き合い方を明らかにし、日本社会のこれまでの方策を振り返ってきたのも、私たちの取り組みの限界を見極めるためであり、同時に、これを越えて、いじめ対応に新たな地平を切り拓くためである。それは、日本社会が少しでもいじめに歯止めのかかる社会、止められる社会へと近づいてほしいという筆者の願いでもある。同じ悲劇を繰り返してほしくないというのは、子どもたちの祈りであり、国民の願いでもある。

本書の構想は、一九八四年度調査に始まり海外との国際比較調査を含めていくつかの調査を実施し、その分析をベースとしている。これらの調査を一人で実施し分析することなど不可能に近く、すべてはチームを組んで実施してきた。本書が完成したのも、多くの方々との調査研究のなかでの議論とその方々から受けた刺激の賜である。

また、中央公論新社の松室徹氏をご紹介下さり、本書を執筆する機会を与えて下さったのは潮木守一先生であった。七年前のことになろうか。その後、多忙を極め、原稿は遅々として進まなかった。しかし、いじめ問題は、大事な問題だから納得する原稿を出して下さいと、根気よく待ち続けていただいた松室氏の言葉は、励ましとなった。また、編集者の田中正敏氏には、大変お世話になった。紙面を借りて、これらの多くの方々に謝意を表したい。

二〇一〇年六月

森田洋司

参考文献

第1章

茜ヶ久保徹郎「世界の話題・イタリア―いじめと戦う―」日本経済新聞（二〇〇七年八月三十日夕刊）
井樋三枝子「アメリカ合衆国におけるいじめ防止対応―連邦によるアプローチと州の反いじめ法・制定の動き―」国立国会図書館調査及び立法考査局『外国の立法』No.二三三、四―一一頁、二〇〇七年九月
J・I・キッセ／M・スペクター（村上直之・中河伸俊・鮎川潤・森俊太訳）『社会問題の構築―ラベリング理論をこえて』マルジュ社、一九九〇年
高徳忍『いじめ問題ハンドブック―分析・資料・年表―』つげ書房新社、一九九九年
森田洋司監修『いじめの国際比較研究―日本、イギリス、オランダ、ノルウェーの調査分析』金子書房、二〇〇一年
森田洋司総監修『世界のいじめ―各国の現状と取り組み』金子書房、一九九八年
中河伸俊『社会問題の社会学―構築主義アプローチの新展開』世界思想社、一九九九年
K・ロレンツ（日高敏隆・久保和彦訳）『攻撃―悪の自然史』みすず書房、一九六三年
D・オルヴェウス（松井賚夫・角山剛・都築幸恵訳）『いじめ―こうすれば防げる』川島書店、一九九五年
P・K・スミス／S・シャープ（守屋慶子・高橋通子監訳）『いじめと取り組んだ学校』ミネルヴァ書房、

一九九六年
滝　充「いじめ問題の発見」『日本教育社会学会第四六回大会発表要旨集録』一二〇―一二一頁、一九九四年
豊田充『「葬式ごっこ」八年後の証言』風雅書房、一九九四年
G・Q・ウィルソン「序文」（小宮信夫監訳）G・L・ケリング／C・M・コールズ『割れ窓理論による犯罪防止―コミュニティの安全をどう確保するか―』文化書房博文社、二〇〇四年
山村賢明「新聞による『いじめ』問題の構成」『日本教育社会学会第四五回大会発表要旨集録』一五八―一五九頁、一九九三年

第2章

宝月誠『逸脱論の研究――レイベリング論から社会的相互作用論へ』恒星社厚生閣、一九九〇年
今津孝次郎『増補・いじめ問題の発生・展開と今後の課題―25年を総括する』黎明書房、二〇〇七年
H・コウイー／S・シャープ（高橋通子訳）『学校でのピア・カウンセリング―いじめ問題の解決にむけて』川島書店、一九九七年
文部科学省『学校と関係機関等との行動連携を一層推進するために』学校と関係機関との行動連携に関する研究会報告書、二〇〇四年
文部科学省『スクール・ソーシャル・ワーカー実践活動事例集』二〇〇八年
森田洋司「いま、なぜ『行動連携』なのか―学校における問題行動への対応のあり方と地域社会―」『犯罪と非行』第一四三号、日立みらい財団、二〇〇五年二月号、四―二二頁

中河伸俊『社会問題の社会学―構築主義アプローチの新展開』世界思想社、一九九九年
小沢牧子『「心の専門家」はいらない』洋泉社、二〇〇二年
斎藤環『心理学化する社会―なぜ、トラウマと癒しが求められるのか』PHP研究所、二〇〇三年
土井隆義「『いじめ』問題をめぐる出現状況」『少年補導』六月号、三六―四七頁、一九八六年

第3章

R・K・マートン（森好夫他訳）『社会理論と社会構造』みすず書房、一九七七年
森田洋司編著『いじめ集団の構造に関する社会学的研究』文部省科学研究費補助金研究成果報告書（研究代表 森田洋司）、一九八五年
森田洋司・清永賢二『いじめ―教室の病い』金子書房、一九八六年
滝 充『「いじめ」を育てる学級特性―学校がつくる子どものストレス―』明治図書出版、一九九六年
竹川郁雄『いじめと不登校の社会学―集団状況と同一化意識』法律文化社、一九九三年
松浦善満「いじめられている子から相談されているか」森田洋司・滝充・秦政春・星野周弘・若井彌一編著『日本のいじめ―予防・対応に生かすデータ集』金子書房、一四二―一四三頁、一九九九年
文部科学省『生徒指導上の諸問題に関する調査研究会報告書』二〇〇六年
米里誠司「子どものいじめを親は知っているか」森田洋司・滝充・秦政春・星野周弘・若井彌一編著『日本のいじめ―予防・対応に生かすデータ集』金子書房、二〇四―二一一頁、一九九九年

第4章

E・デュルケム（宮島喬訳）『社会学的方法の規準』岩波文庫、一九七九年
Matza, D. & Sykes, G. M., "Techniques of Neutralization : a theory of Delinquency." *American Sociological Review*, vol.22, pp.664-670, 1957
森田洋司編著『いじめ集団の構造に関する社会学的研究』大阪市立大学社会学研究室、一九八五年
森田洋司「共同性の崩壊としての〝いじめ〟―いじめ集団の構造」『日本教育年鑑一九八七年版』ぎょうせい、二二三―三〇頁、一九八七年
島和博「虚構としてのいじめ問題とその基底」『少年補導』一九八五年八月号
森田洋司「家族における私事化現象と傍観者心理」『現代のエスプリ』No.二七一、至文堂、一一〇―一一八頁、一九九〇年
森田洋司「いじめ―社会学的視点より」北村陽英・荒井淳雄編『いじめ・自殺』メンタルヘルス実践体系五、日本図書センター、一九八八年

第5章

E・デュルケム（宮島喬訳）『自殺論』中央公論社、一九六八年
石堂常世「フランスの学校の徳育について―日仏比較の視点から―」文部科学省『子どもの徳育に関する懇談会（第五回）』報告資料、二〇〇九年一月
片桐雅隆『日常世界の構成とシュッツ社会学』時潮社、一九八二年
丸山眞男「個人析出のさまざまなパターン」マリウス・ジャンセン編（細谷千博編訳）『日本における近代化の問題』岩波書店、一九六八年

三戸公『公と私』未來社、一九七六年
宮島喬「私化へのアプローチと若干の論点」現代社会学編集委員会編『現代社会学』一八　アカデミア出版会、一九八四年
森田洋司『「不登校」現象の社会学』学文社、一九九一年
作田啓一「価値と行動」作田啓一他編著『今日の社会心理学5　文化と行動』培風館、一九六三年
鈴木広「たえず全体化する全体性と、たえず私化する私性」社会学評論、一三四号、一九八三年
A・de・トックビル（井伊玄太郎訳）『アメリカの民主政治』上・中・下　講談社、一九八七年
安永寿延『日本における「公」と「私」』日本経済新聞社、一九七六年
国立教育政策研究所「諸外国の教育課程（2）—教育課程の基準及び各教科等の目標・内容構成等—『教科等の構成と開発に関する調査研究』研究成果報告書（研究代表者　山根徹夫）、二〇〇七年三月
T・ハーシ（森田洋司・清水新二監訳）『非行の原因—家庭・学校・社会のつながりを求めて—』（新装版）文化書房博文社、二〇一〇年
財務省『中学校学習指導要領（平成十年十二月）解説—道徳編—』一九九九年九月
森田洋司「犯罪被害の社会学的考察—私事化社会における新たな被害状況への考察—（十周年記念シンポジウム）」日本被害者学会編『被害者学研究』第10号、八六—九六頁、二〇〇〇年
森田洋司監修『新たなる排除にどう立ち向かうか—ソーシャル・インクルージョンの可能性と課題』（社会問題研究の最前線II）学文社、二〇〇九年
武藤孝典・新井浅浩編著『ヨーロッパの学校における市民的社会性教育の発展—フランス・ドイツ・イギリス—』東信堂、二〇〇七年

第6章

門脇厚司「子どもの社会的自立と『社会力』」山口満編著『こどもの「社会的自立」の基礎を培う』教育開発研究所、一四―一七頁、二〇〇七年
W・G・サムナー（青柳清孝・園田恭一・山本英治訳）『サムナー　フォークウェイズ』現代社会学大系3、青木書店、一九七五年

森田洋司（もりた・ようじ）

1941（昭和16）年愛知県生まれ．大阪市立大学大学院博士課程修了．文学博士．愛知県立大学助教授，大阪市立大学大学院教授，大阪樟蔭女子大学教授を経て，2006年より2010年まで大阪樟蔭女子大学学長を務める．大阪市立大学名誉教授，大阪樟蔭女子大学名誉教授．専門は社会学（教育社会学，犯罪社会学，社会病理学，生徒指導論）．2019年逝去．

著書『新訂版いじめ教室の病い』（共著，金子書房）
『世界のいじめ』（総監修／監訳，金子書房）
『いじめの国際比較研究』（監修，金子書房）
『不登校―その後』（編著，教育開発研究所）
『逸脱研究入門』（共著，文化書房博文社）
『医療化のポリティクス』（監修，学文社）
『新たなる排除にどう立ち向かうか』（監修，学文社）
など多数

訳書 T．ハーシ『非行の原因』（共訳，文化書房博文社）

いじめとは何《なに》か
中公新書 *2066*

2010年7月25日初版
2021年2月25日10版

著　者　森田洋司
発行者　松田陽三

本文印刷　暁　印　刷
カバー印刷　大熊整美堂
製　　本　小泉製本

発行所　中央公論新社
〒100-8152
東京都千代田区大手町1-7-1
電話　販売 03-5299-1730
　　　編集 03-5299-1830
URL http://www.chuko.co.jp/

Published by CHUOKORON-SHINSHA, INC.
Printed in Japan　ISBN978-4-12-102066-6 C1237

中公新書刊行のことば

いまからちょうど五世紀まえ、グーテンベルクが近代印刷術を発明したとき、書物の大量生産は潜在的可能性を獲得し、いまからちょうど一世紀まえ、世界のおもな文明国で義務教育制度が採用されたとき、書物の大量需要の潜在性が形成された。この二つの潜在性がはげしく現実化したのが現代である。

いまや、書物によって視野を拡大し、変りゆく世界に豊かに対応しようとする強い要求を私たちは抑えることができない。この要求にこたえる義務を、今日の書物は背負っている。だが、その義務は、たんに専門的知識の通俗化をはかることによって果たされるものでもなく、通俗的好奇心にうったえて、いたずらに発行部数の巨大さを誇ることによって果たされるものでもない。現代を真摯に生きようとする読者に、真に知るに価いする知識だけを選びだして提供すること、これが中公新書の最大の目標である。

私たちは、知識として錯覚しているものによってしばしば動かされ、裏切られる。私たちは、作為によってあたえられた知識のうえに生きることがあまりに多く、ゆるぎない事実を通して思索することがあまりにすくない。中公新書が、その一貫した特色として自らに課すものは、この事実のみの持つ無条件の説得力を発揮させることである。現代にあらたな意味を投げかけるべく待機している過去の歴史的事実もまた、中公新書によって数多く発掘されるであろう。

中公新書は、現代を自らの眼で見つめようとする、逞しい知的な読者の活力となることを欲している。

一九六二年一一月

中公新書

心理・精神医学

中公新書

教育・家庭

m1

1136 0歳児がことばを獲得するとき 正高信男
2429 保育園問題 前田正子
2477 日本の公教育 中澤渉
2218 特別支援教育 柘植雅義
2004 2005 大学の誕生(上下) 天野郁夫
2424 帝国大学―近代日本のエリート育成装置 天野郁夫
1249 大衆教育社会のゆくえ 苅谷剛彦
2006 教育と平等 苅谷剛彦
1704 教養主義の没落 竹内洋
2149 高校紛争 1969-1970 小林哲夫
1065 人間形成の日米比較 恒吉僚子
1578 イギリスのいい子 日本のいい子 佐藤淑子
1984 日本の子どもと自尊心 佐藤淑子
416 ミュンヘンの小学生 子安美知子
2066 いじめとは何か 森田洋司
2549 海外で研究者になる 増田直紀